MAOKONGIAN

一起來做「貓空人」

貓空是台北人熟悉又有點陌生的地方。

這座位於台北市東南隅的山頭，從 1980 年代開始，逐步發展成為特色的台北地景。上山喝茶看夜景，幾乎是所有台北人的青春回憶，或初次造訪這座城市的外地人認識台北的前提。隨著貓纜設置，解決過去只能搭車上山的交通不便，貓空似乎跟我們又近了一點。

然而，你可能不知道這裡是台灣鐵觀音茶葉的重要產地，近年從泡茶喝茶轉變為更多元的飲食文化，也未必知曉這裡有豐富的自然步道和文化活動。

生活在貓空周邊的人們，從來是用不同角度與它共處，他們或一早健行騎腳踏車、下午窩在某家小店聊天休息，當然也有忙著整理農務的日常，因著不同方式體驗這座山，自然也延伸出更豐富的地方故事。

這也是「貓空人」這本書製作的初心：我們企圖用真正在地的視角，深入「貓空人」的生活，帶領讀者重新認識一處我們以為熟悉的地方。

．

我們先以六組關鍵字勾勒貓空的日常生活，接著拿起相機拍下各種富饒趣味的影像。再以時間做為尺度，邀請讀者感受貓空在不同時刻所散發的活力和姿態，也包含採集中發現的情報，像是山上多種茶風味的甜點。

書中的主角當然是茶。我們邀請茶農們示範鐵觀音的製作流程，重現一杯好茶的誕生，及少為大眾所知、忙碌到無法闔眼的工作現場。當然更要前往茶園，跟著堅守鐵觀音特色品種的茶農，探究貓空的風土，如何孕育茶人所述鐵觀音如蘭似桂的熟果香。

來貓空一定會留意到山腰的指南宮，書中爬梳了它與山下的忠順廟及長老教會，如何落腳此地，成為在地日常的一部分。位於貓空另一頭，優人神鼓的舞者們，藉著肢體展現內化於身形，也思索著如何在山上，邁開演出的下一步。

這本書是 VERSE 以編輯的技藝去建立地方的敘事，再現地方的魅力。每篇報導都是一塊拼圖，最終的圖像是採訪編輯心中所被觸動，關於貓空的迷人故事。相信閱畢此書，你也能成為愛上這裡的「貓空人」。

—— VERSE 社長暨總編輯／張鐵志， 貓空人主編／羅健宏

動物園

上貓空喝茶

為何而起？又還有什麼可能？

text 徐立真　photo 連思博

提起貓空，「茶」絕對是許多人對此地的第一印象。貓空深厚的茶產業淵源，最早可溯及泉州安溪移民來台時，攜帶原鄉茶種在當地開墾維生。鐵觀音的出現，則是日治時期木柵茶葉株式會社的茶師張迺妙的悉心移植與研究，在今木柵國小對面的山坡上，繁殖鐵觀音茶苗，並分配給當地茶農，讓貓空從日本時代開始就是台灣最大的鐵觀音茶產地。

然而茶葉作為經濟作物，不易成為一個區域的穩定產業，加上茶樹蟲害等困境，很長一段時間，貓空上的茶園同時種植著稻米、相思樹、蕃薯、柑橘等多種作物，與今日的模樣截然不同。

●觀光茶園的起點

1960 年代，木柵區農會邀請茶業改良場開設講習會，並先後於 1971 年組織「茶葉研究班」、1980 年成立「木柵區觀光茶園」，期盼透過公部門的串連合作，將貓空打造成鐵觀音的特色茶區，同時吸引國內外遊客茗茶、造訪。

與此同時，貓空茶葉出現了自產自銷的契機，伴隨山上的道路改善，茶農無需再親自挑茶葉下山販售，而能直接在產業道路上立招牌販售茶葉，隨著第一

間土雞城開張營業，「觀光茶園」的願景與輪廓，也愈加清晰。提及 1970 至 1980 年代的轉折，臺北市休閒產業社區發展協會副理事長張慶泉說明：「那時台灣經濟起飛，中小企業出口風起雲湧，民眾慢慢消費得起茶葉等經濟農產品，政府也推廣、補貼新的茶苗上山，對於先天條件腹地較小、坡度較陡的貓空來說，才終於有了重新栽植茶葉的動機。」

● 黃金年代的台北不夜城

「臺北市鐵觀音包種茶研發推廣中心」在 1985 年設立，透過現場泡茶，為遊客講解茶的服務，意外帶起人潮，也讓大家發現提供遊客泡茶品茗空間的商機。隨後茶藝館如春筍般出現，原本在外地工作、當學徒，甚或從事其他產業的貓空子弟陸續返鄉，開啟了 1990 年代的高峰期，「到貓空泡茶」成了時下流行。

「原本不供餐的茶藝館開始供餐，不泡茶的土雞城開始賣茶。」張慶泉生動地描述，觀光客上山所帶來的用餐與泡茶需求越來越大，茶農逐漸擁有穩定的熟客，或者也經營起茶藝館。而專注製茶、賣茶的茶莊，也有了來自山上的穩定需求，貓空形成了自給自足的產業鏈。

1990 年代的貓空是個不夜城，台北市區的人們下班後，呼朋引伴驅車上貓空，每個夜晚都有不間斷的上山車流，店家一路營業到午夜後，甚至天邊魚肚漸白，與台北盆地的夜景相映成趣。有車程較近的店家，也有在山坳谷地、稍微偏僻的店家，每間店都有獨家的風景與氣氛，同樣都高朋滿座。

● 從危機中尋找契機

還沒有貓纜之前，需走指南路上山，只要一遇到周末期間，就容易堵塞，1996 年強烈颱風賀伯襲台，造成道路坍塌，直接影響了貓空山上的景氣。有鑑於此，發展替代道路的呼聲開始日漸增加。自 2000 年開始，台北市政府開始進行興建貓空纜車的評估，期盼透過新的交通模式，尋找振興貓空觀光產業的路徑。

時隔七年，貓空纜車於 2007 年正式開通營運，貓空的產業與商圈生態，卻也

有了截然不同的光景。到訪的遊客更多元了，不再僅限於自駕者；然而遊客們到訪貓空的時間與行程，也幾乎以纜車營運時段為規畫依據。

以往店家提供民眾看夜景、通宵的營業時間作息，逐漸提早至上午 11 至 12 點營業，並在纜車晚上結束營運前後休息；白天有著來自各地的國內外旅客，登山、觀景、參拜……，店家的類型也隨之多樣了起來，當中尤其以咖啡店為最大宗。1980 年代返回貓空經營的壯年一輩，如今已屆退休之齡，下一代青農帶著自身的所學專業與技能，有的專注種茶、製茶，有的投入茶行或餐廳的管理行銷，有的則憑一己之長，專營或兼營咖啡、茶點，發展出各具特色的經營模式，為產業注入了新的轉型可能。

●獨具風情的貓空滋味

茶產業文化傳承與吸引多元客群的雙重考量，是所有人的共同課題，也是貓空商圈近年更具生命力、蓬勃多元開展的驅動力。張慶泉描述：「更早的前輩爭取了建設整合登山步道，農會推廣種茶與製茶，里長協調住民們的分工參與，商圈對外拓展尋找資源，與外界結合辦活動，政府也在各層面提供幫助與輔導，回應我們的需求。這時代無法單打獨鬥，一定要互相搭配、合作交流，才有可能共同創造更大的商機。」

特別是疫情之後，臺北市貓空休閒產業社區發展協會總幹事張侑霖表示，大家開始重新思考貓空跟台北市民之間的關係。「以往貓空因為有很多觀光客，喜歡安靜的台北市民反而很少上來，貓空是台北的後花園，我們在做的正是喚醒他們對這座山城的記憶。」

從舉辦傳統封茶儀式、到一年一度的迎尪公巡田園活動，接下來更準備啟動綠色旅遊的計畫，一連串的推廣活動，張侑霖與商圈的夥伴期待吸引更多人造訪貓空。「來貓空不一定要特別安排，可以找一家店點一杯茶，將這個禮拜的忙碌好好釋放掉。」即便毫無計畫，整座山頭都有值得探索的地方。

24 HOURS

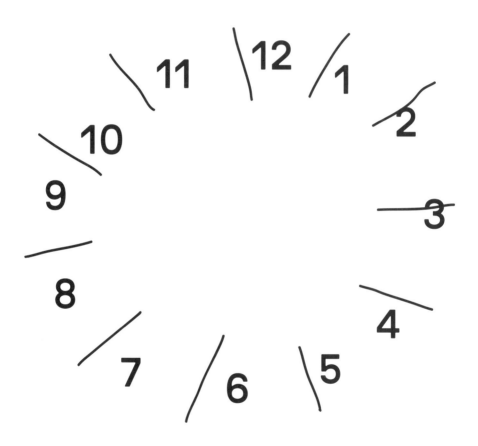

◉貓空的24小時

in MAOKONG

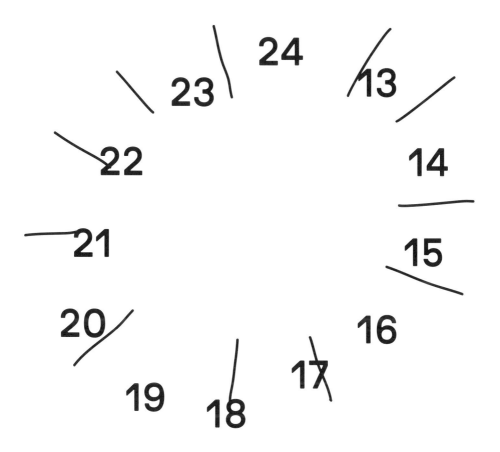

城市裡不少人嚮往貓空生活，卻很少認真在山上待上一整天。以為這座位於台北東南隅的淺山，就等於好山好水好無聊，殊不知貓空自清晨到深夜，不同時段各自精彩。我們以 24 小時提案，羅列貓空的各種迷人面向，邀請大家登山，成為一日貓空人。

走在終年綠意的
山中小徑

● 貓空步道

清晨林間清澈的空氣讓人為之一振，不少人趁著早
晨天光走訪貓空，在這裡，有近 20 條大大小小的步
道散落其中，茶路古道、飛龍步道、猴山岳步道、
壺穴步道、草湳古道、水管路……，在還沒有這些
名字前，它們大多是山上居民農事或作物運輸的道
路，自古時人們日日踩踏，成為今日的步道。

在貓空，可以接觸到豐富的淺山自然生態。

壺穴步道終點是一座吊橋，兩側分別擺放了趣味的雕塑。

貓空有高達 20 條步道可以選擇，路徑遍布全山。

在地人過去會摘採山中的野菜，作為藥用或入菜。

text 鄭雅文　　photo 日常散步 李盈靜

貓空屬於台北盆地南緣木柵二格山系，位於台北市的最南端，與新北市新店區相鄰，東邊與新北深坑區相接，南為新店市，西為景美，北則接台北市大安區。從平地 40 公尺，到至高點石尖山 678 公尺，落差高達 600 公尺；水域則是位在景美溪的上游，氣候條件約 18 至 20 度，年雨量約 2800 毫米。

多雨、潮濕、排水好的環境，正是種茶的好條件，整座山頭遍布大大小小茶園。每到夏季，是綠竹筍的季節，家家戶戶都能吃到新鮮的綠竹筍。早期亦有木炭產業，主要燃燒相思木，源於日治時期日本人發現恆春半島的相思木長得茂盛又好，開始在台灣各地種植，貓空也不例外。然而隨著瓦斯業興起，木炭已非主要燃料，木炭產業在貓空地區幾乎不復見。另外像藍染的原料馬藍，也是步道中常見的經濟作物。

●貓空地名源自壺穴

在眾多步道中，壺穴步道是一條短小卻別具意義的步道，相傳是「貓空」地名的由來。路線從臺北市鐵觀音包種茶研發推廣中心出發，沿途經開闊山景，樹林、田園、溪流，最終通抵山腳的壺穴溪谷。

壺穴景觀源於貓空的地質軟硬度不同，河流一沖刷就凹陷，造成此處多坑、谷，凹陷處有小石子在裡頭沖刷，便造成開口小底層大的凹洞，在溪水中形成許多小水窪，也就是現在看到的壺穴景觀，被溪流沖刷至坑坑疤疤的壺穴，先民以閩南語稱其為「面乍坑」，「面乍」讀音為注音「ㄋㄧㄠˋ」，口耳相傳便以「貓空」稱作此地。

台大生態所李培芬教授團隊的李承恩分享，這些小水窪在溪流生態系扮演重要角色，大雨來臨時，水流湍急，生物可以躲避在石頭縫和壺穴之中，水位降低

時可觀察到喜歡利用暫時性水域的生物出沒其中，可以避免天敵的侵略；但一體兩面，壺穴也是天然的陷阱，獵食者就能把洞穴中的生物都吃掉。

行於貓空，主要地景為次生林、溪流、茶園、竹林等景觀，若乘坐時光機，回到 200 年前的貓空，當時的貓空仍被泰雅族人視為獵場，森林未被開墾，租給漢人開墾後形成水梯田景觀。到了 1860 年代，貓空開始種植高經濟價值農耕作物，如茶樹、竹子等，而後隨農業人口外移，許多田地休耕或棄耕，演變為現今的次森林，物種相貌也一直在改變，至今隨著次生林復甦，適合森林的陸域物種有逐漸回來。

人類的開墾，特別是在慣行農業用藥上，對原生環境造成不小的影響與衝擊，許多原有物種逐漸式微，然而近年來隨著生態保育意識抬頭，現代農民們漸漸提高施行有機農作以及生態友善耕作的比例。地方文史工作者張振隆分享：「以前農藥撒得兇，這裡好段時間看不見台灣藍鵲，現在自然農法耕作提高，生態回來了，在步道中有機會看到。」

在近幾年的台北市生物多樣性調查資料裡，更顯示有保育類動物出沒其間。臺北市立動物園三貓生態踏查計劃中，以紅外線自動照相機，已記錄到食蟹獴、麝香貓、白鼻心、鼬獾、穿山甲、山羌、台灣獼猴、藍腹鷴……，等多樣台灣特有種與保育類動物出現，可見動物們在林間生活的痕跡。

●與動物當鄰居的淺山系生態

除了保育類動物，步道中也有機會遇見許多低海拔淺山系物種，例如通往壺穴步道的路上，幸運的話可能會看見黃嘴角鴞，體長約 15 至 17 公分的黃嘴角鴞全身大致呈黃褐色，眼睛虹膜黃色，嘴喙亦為黃色，因而得名，黃嘴角鴞是夜行性動物，若是白天看見黃嘴角鴞，多半窩著身軀睡覺。

接著仔細看洞穴，若發現土壤間的坑洞，很可能是有「淺山建築師」之稱的穿山甲所挖掘的。野生穿山甲偏好住在排水佳、土層厚的地質，善於利用前肢爪挖掘洞穴，洞穴依照功能區分為居住用和覓食用兩類，深度可高達 5 公尺。晝伏夜出的穿山甲白天不易看見，棲息範圍廣闊，以中低海拔 300 至 500 公尺的闊葉林、次生林最為常見。

李承恩提到，貓空地區的兩棲類目前記錄到 19 種，是整個台北市數一數二高的地區，以蛙類而言，數量最高的是外來種斑腿樹蛙，另外還有翡翠樹蛙，此蛙種容易跟著人為蓄水環境出現。另外還有台北樹蛙、拉都希氏赤蛙、貢德氏赤蛙、腹斑蛙，蛙類物種豐富多樣。

爬蟲類動物則有喜愛生活在喬木上的斯文豪氏赤蛙（日間）與鉛山壁虎（夜間），高草與灌木叢的翠斑草蜥，底層則是印度蜓蜥。李承恩感嘆道：「這就是大自然奧妙之處，每個物種的地盤都不一樣，大家各據一方，都活得很好，也維持一定的平衡。」

●行走於歷史與當下

貓空步道多數難度低，以輕裝備甚至無裝備都能健行，可見許多遊客喝完茶便來步道散步，亦適合親子行走，唯避免有蛇出沒，建議穿長褲而行。在步道間，彷彿走進了貓空的歷史，水管路古道是從前指南宮的引水路徑，地勢平坦好走，沿途可見清末民初搭建的廢棄陶管，也可見到作為藍染的植物馬藍。

走在貓空步道上，1961 年生的張振隆回憶起往日生活說，這些步道從前是唸書上學走的路，清晨 5 點起床，便踏著露水未乾的小徑出發，距離學校遠的學生，得走一、兩個小時才能到學校，放學時，學生們拿竹子裡罐油，提著油燈火把，沿著山徑回家，火光在林間閃爍。

當返鄉的青年多了，張振隆得以和年輕的臉孔說著過往的故事，一同踏上這條路。宛如河流般，伴隨潺潺溪水，下一代將行於林中，繼續把貓空的故事傳遞下去。

淺山裏的自然生態

◎貓空動植物

text 鄭雅文　illustration 李宥孺 Iris Li

◉白鼻心

又名果子狸、玉面貓,眼下、耳下為白色,從鼻梁延伸到額頭間有一條明顯的白色縱帶。屬於夜行性哺乳動物,偏好植物果實及嫩葉,偶爾會捕食蜥蜴、鼠類、鳥等小型動物,善於爬樹。在台灣常見於海拔 1000 公尺以下的林地,是貓空常見的動物。相傳,製茶師傅製茶時若聽見白鼻心的叫聲,則有機會出冠軍茶。

◉觀音坐蓮蕨

台灣低海拔山區常見蕨類植物,尤喜山谷潮濕處,在貓空山區時而可見,葉片碩大,以接住樹林縫隙間的陽光。典型特徵為葉柄基部具有大型葉托,葉子枯萎後脫落,葉托還是留在上面,當數量愈來愈多時,看起就像一座觀音座,因而得名。

◉綠竹筍

屬禾本科之多年生植物,性喜溫暖濕潤環境。綠竹筍為合軸叢生型竹種。於平地、溪畔或海拔 500 公尺以下之淺山坡地栽培較適合,為貓空農特產,具有特殊風味、熱量低、富含纖維、維生素、礦物質及種氨基酸,行於步道,時常可見綠竹筍林。

貓空隸屬於淺山，可見低海拔的自然生態。多數動植物怕生低調生活，棲地遍及整座貓空山頭，常有機會在步道上遇見。路上一灘攤水窪、被乾土遮蔽的小洞穴，甚至是一棵高聳的大樹，停下腳步仔細觀察，或許就能發現牠們的蹤影。

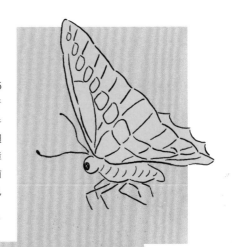

●青帶鳳蝶

鳳蝶亞科，中型蝶類，展翅寬約 5 公分，前後翅膀兩面都有一列水青色的帶狀斑紋，是台灣鳳蝶中身手矯健、飛行快速的蝴蝶。雄蝶後翅內緣的夾層有白色長毛。幼蟲以樟科的樟樹、大葉楠等為食草，從前貓空多為樟樹，因而為貓空常見蝶類。

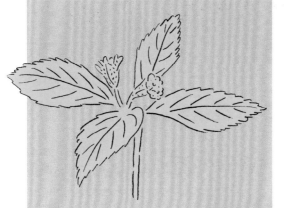

●馬藍

又稱大菁、山藍，多年生草本植物，喜好群生於山區陰濕處，貓空自日治時期有做藍泥等染料外銷，舊時利用溪谷旁大量栽植馬藍，因風土適合，獲利也多，成為重要的經濟作物之一。在夏末初秋，可見喇叭狀的紫色花，在山谷間綻放。

●台北樹蛙

台灣特有種，眼睛虹膜和腹部呈黃色，屬中小型樹蛙，主要分布在北部低海拔山區至平地。不同於蛙類喜愛夏日繁殖的習性，台北樹蛙喜歡在冬日求偶，一到冬天會從樹上移動到地面。若是 10 月到 3 月間上貓空聽到「呱——呱——」的低沉叫聲，近似台語的「ㄍㄨㄚˊ寒」就是樹蛙求偶的聲音。

來場半日動物
生態見學

● 臺北市立動物園

動物園不只是親子限定的休閒場域,也兼具重要的野生動物與生態保育工作,位於木柵的臺北市立動物園,自成立以來致力於生態教育推廣。除了提供詳盡的生態知識,創造各種貼近大眾需求的服務體驗,動物園隨時敞開大門,邀請每個人來場都市近郊生態系的學習之旅。

暑假，加上新冠疫情趨緩，這段時間到訪動物園的遊客人數漸漸回升，口罩掩蓋不了民眾雀躍的面容，帶著期待走進這座自然開闊的動植物園地。

遊客橫跨所有年齡層，有穿著迷你制服，手拉著手魚貫前行的幼兒園師生、推著嬰兒車，與牽著幼童的家長、三五成群的國高中生、約會的年輕情侶、穿著登山設備的中高齡長輩……，有人以徒步的方式走遍全園區，以額頭上的汗珠作為步數的證明；或者是選擇搭乘約 10 分鐘一班的遊客列車，加速解鎖動物園，以五元車資在緩緩前進的復古車廂中，欣賞生活在不同氣候帶的動物。

國高中生一邊使用介紹動物的 APP，一邊尋找水獺躲在哪裡。穿山甲館內，好幾位寫生者與攝影愛好者，早已就定位多時，耐心捕捉熱帶雨林動物們的身影。大貓熊館聚集了最多小朋友，孩子們紛紛趴在玻璃前，等待睡著的大熊貓翻身。「出沒」在各個戶外動物區的年輕情侶，以及推著幼兒車的夫婦，用陽

text 徐立真　photo 日常散步 李盈靜

傘跟遮陽帽與躲在陰涼處的駱駝、大象、猩猩、犀牛互別苗頭。這是暑假的夏日限定風景。

臺北市立動物園在 1987 年從圓山遷移到木柵,自此成為許多台北人的校外教學記憶。這裡是全台規模最大、功能最完整的動物園,兼具全球多樣生態與在地特有生態的保育工作。動物園並不只是親子限定,也可以是每個人擁抱都市近郊生態系的個性行程。

進入園區,無論隨性漫步、參與導覽、報名課程活動,或是結合貓纜遊貓空,總是有最適合自己的動物園散策,創造與園內兩千多隻動物相遇的可能,並從牠們身上,找到自洽的生活態度。

不妨在下一個閒適的假日,跳上捷運,抵達這片始終擁有豐富生態的地景,來一場專屬於你的動物園之旅。

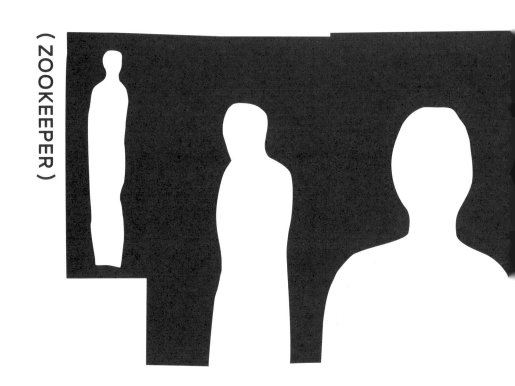

（ZOOKEEPER）

●保育員工作現場

與動物
為伍的
隱藏角色

從世界各地遠道而來，原生環境大不相同的動物們，是如何能同在一座動物園內健康生活的呢？又是誰負責把關、照料牠們每日的生活品質呢？對動物與牠們的照顧者來說，又有哪些不為人知的困難與樂趣？

林靜宜（小哆）在臺北市立動物園已有七年多資歷，2022 年初，調來成為照顧斑哥羚羊的保育員，非洲動物區是她目前的主要工作區域。在動物園內，還有另外八十多位夥伴，與她同在保育員的崗位上努力，分別照顧高達 350 多種，超過兩千多隻的動物。他們就像是動物的專屬管家與朋友，從行為訓練、健康觀察、清潔獸舍、準備食材與餵食、撰寫動物資料，以及與建立信任感……，等無所不包。

●從消毒開啟與動物為伍的一日行程

動物保育員每天 8 點半入園上班的第一關，就是全身消毒。因為園區內每種動物需要的生活環境並不相同，甚至還有許多瀕危物種，所以必須確保將任何可能造成傷害的物質與細菌隔絕在外，以保護園內所有動物的健康，這也是動物園禁止遊客攜帶寵物入園的原因之一。

text 徐立真　photo 日常散步 李盈靜

消毒完成後，小哆首要工作任務就是到斑哥羚羊的欄舍，進行整體確認，包括清潔獸舍、觀察每隻羚羊的身體狀況（如：五官、身體、糞便狀態），如果發現異常，立即通報獸醫師看診或通知營養師調整飲食需求，在接下來一整天的時間觀察動物恢復情況。

「目前園區內共有七隻斑哥羚羊，一隻公的，六隻母的。」小哆一邊跟我們介紹，眼神同時注意著羚羊區內的七隻大傢伙，已有一兩隻不斷看向欄舍門口，她知道，待會差不多要準備餵牠們吃東西了。問她都如何為牠們準備餐食，才知道看似簡單的動物飲食習性介紹，其實大有學問。

●每次餵食都是專屬客製

斑哥羚羊的食物來源包括構樹、山黃麻、血桐等許多無毒植物的葉子，為了讓牠們不會吃膩，除了廠商固定提供的構樹、山黃麻之外，小哆與營養師也會在戶外工作區摘取其他植物，並依照每隻羚羊的身體狀態搭配調整。

小哆回憶起前幾年照顧無尾熊的時光說：「大家都知道無尾熊吃尤加利樹，但

全世界有六百多種尤加利樹，而無尾熊這種單一食性動物只吃其中的四十幾種，目前台灣僅種植 17 至 18 種，保育員要在廠商每天提供的三個品種中排列組合，才能養成動物的適口性（palatability），讓無尾熊願意正常規律進食。」

她笑說，還好自己是森林系畢業，對植物有一定的瞭解，但隨著照顧的動物不同，保育員要精進學習新知識。面對斑哥羚羊這種晨昏作息的中大型動物，要能夠辨識有毒的葉子，善用畜牧的飼養專業，更要小心不被牠們踢到、撞到；而照顧小隻的夜行性動物無尾熊，除了要會分辨不同尤加利葉的味道之外，也要磨練木工、電鑽、水電、修蓋欄舍各種本領，才能為動物打造舒適的生活環境。

● 在挑戰中建立跟動物的關係

面對這些工作上的挑戰，小哆不諱言地表示，困難與煎熬還是很大，但只要撐過去，就能明顯感覺自己有所成長，像是每當讀完了外文文獻或者動手實作，並與動物培養出進一步新的默契，就是保育員工作的最大成就感來源。

斑哥羚羊是溫馴害羞的牛科動物，但面對牠們動輒一、兩百多公斤以上的體型，仍不能掉以輕心，尤其要避免引發牠們激動、興奮的情緒而產生衝撞，所以每天下午的訓練，都要一隻一隻按照順序進行，容易激動的個體，甚至需要單獨訓練。

訓練的主要目的，其實是為了醫療。草食獸通常體型較大，麻醉較為不易，以及若要順利進行抽血、照 X 光、秤重……，等各種檢查，種種工作要順利完成的前提，首先都要讓動物不怕人，甚至對人類產生足夠的信任感。因此小哆為每隻斑哥羚羊每天設計 5 至 20 分鐘不等的訓練，視牠們所需的醫療或檢查需求，做更細緻的訓練規劃。以秤重練習為例，會利用獎勵讓牠們學會跟隨她手上的目標棒，緩慢向前跨步，日漸適應腳下所踏上的鐵板觸感，並在牠們表現出甩頭的不耐煩行為之前結束訓練，給予食物獎勵。如此一來，才能在秤重時，順利引導牠們走上磅秤區。

● 來自動物保育員的邀請

保育員每日的工作，實際上遠比文字描述得細瑣、複雜，也艱難得多，然而每

日面對無法以相同語言溝通的工作對象，小哆始終流露出熱忱的面容。她表示，在這幾年的保育員工作過程中，自己對「動物園」也有了新的理解與體悟。全世界的氣候與生態環境變遷休戚與共，各地動物園的任務已不僅僅是保育本地物種，其實也共同承擔著全球所有動物的保育工作。

以教育而言，動物園是當代社會中，能透過課程、志工、演講、導覽等方式積極發揮教育功能的場所。以保育而言，動物園最重要的任務，是為瀕臨絕種的野生動物保留物種存續的可能。小哆指出，動物園與保育員是在現代社會與生物多樣性之間，扮演一種平衡角色：「動物園是展現動物之美的地方，畢竟是劃設區域飼養動物，當然會有不足之處，但保育員的責任，就是要在有限的空間裡，為動物打造最大的舒適度。」

她以 2019 至 2020 年延燒的澳洲森林大火為例，這場野火造成超過兩億隻動物死亡，野外無尾熊的族群驟減，保育等級也從易危物種（VU）提升成瀕危物種（EN），可能半世紀後就會面臨滅絕的風險。因此，在其他地區進行的「域外保育」工作就更顯得重要，而這也是動物園最重要的任務之一：「保種」。

小哆的語氣從最初的熱忱溫暖轉為語重心長，她希望，遊客們除了到動物園觀賞動物外，也能主動閱讀每面解說牌，因為「保育不只是動物養育者的責任，而是與所有人類息息相關。」

●與斑哥羚羊共享的下班時光

「每個生命都很珍貴、獨特，能遇到牠，就是彼此的緣分，所以希望大家來到動物園，可以花點時間靜靜地站動物活動場前面，仔細觀察牠的一舉一動，或許就會發現，牠們可能也正盯著你看呢！」秉持這樣的心情，小哆每天將動物回報紀錄上傳資料庫後，就會回到斑哥羚羊區，有時與牠們說話，有時靜靜看著這七隻溫馴的草食獸。回想初識的那段時間，牠們還會警覺的保持著社交距離；現在，牠們與小哆已找到舒適的相處模式，自在地親近，或者互看一眼後，悠悠地望向遠方。

這是小哆與斑哥羚羊每日的最後一項工事。

造訪開在深山裡
的咖啡店

③

● **生活在他方 夜貓店**

原本開在城南的咖啡館「生活在他方」，以獨立繪本選書為特色，在尋覓新店址的過程，恰巧在貓空發現了適合的空間，便決定在此地展店。因為法規限制，在山上開店並不容易，外人要居住也有難度，「生活在他方 夜貓店」成為近幾年，貓空少數新開設的咖啡館。

南方小鎮
左萱 序/薦/給/友
時光
61Chi

最後的
巨人
法蘭斯瓦·普拉斯
陳太乙 譯
時報出版

text 鄭雅文　photo 日常散步 李盈靜

取自捷克作家米蘭‧昆德拉的小說《生活在他方》：「對年輕的心靈來說，當周遭的生活是如此地庸碌平淡，真實的生活似乎總是在他方。」店主們希望能創造出一個「他方」，讓每個進到咖啡館裡的人，有個暫時逃離煩擾生活的所在。

●不亞於夜晚的白日貓空魅力

山間蜿蜒的產業道路上，階梯前擺著一塊小小的牌子，鐵片上烙著生活在他方的字樣，若沒注意，也就錯過了。這間低調的咖啡館，提供書、飲品、甜點與餐點，讓晨起爬完山的旅客，或是深夜尋覓一處空間的人，都能有個「他方」可去。

2019 年，生活在他方共同創辦人龐鶴和夥伴在電腦前搜尋新店面，打開租屋網，發現貓空山上有新空間釋出，於是和夥伴一同搭乘貓纜上山，從台北繁忙喧嚷的都會街頭，來到貓空寧靜清幽的田園小鎮。彼時，龐鶴對貓空的印象仍停留在夜晚，一群同學徹夜未眠，凌晨 3、4 點仍在貓空茶館裡聊天。卻沒想到白晝的貓空山上，野生森林、竹林、茶園環繞，店面被樹林包裹住，耳裡聽見塘裡蛙鳴，鼻腔聞進清澈空氣，才發現白天貓空竟是如此有魅力。一行人初訪店面就喜歡上了這裏，討論後決定租下店面。

●推開窗就是一片壯觀雲海

某日黃昏，初來乍到的夥伴正在店裡忙著，貓空的鄰近店家手捧著一鍋自己煮的薑母鴨沿階而下，準備分享給他們吃，龐鶴也送了千層蛋糕當回禮。從小在

台北生活長大的龐鶴，第一次知道台北還有這麼一塊土地，夏天有吃不完的綠竹筍，冬天有暖暖的家常菜，在這裡少了蔥或醬油，就向鄰居借，鄰里間少了疏離感，有著濃濃的人情味。

山居歲月，雨夜蛙鳴，作為貓空新住民的龐鶴，有時清晨起床，打開窗戶，屋外竟是一片蒼茫雲海，晨間的露水，夜裡的蟬鳴，晴時大冠鷲在天空盤旋，小動物時常來當鄰居，這都是都市裡無法感受的。

咖啡館周邊有固定幾隻貓來訪，夥伴們擺了飼料，之後牠們便成為店貓，在林間自由來去，由於貓空生態豐富，龜殼花等蛇類可能出沒，貓咪們還會幫忙抓蛇圍攻，龐鶴卻擔心貓咪會被蛇誤傷了，練就拿蛇夾把蛇夾走的功夫，為了客人的安全，除去屋簷上的蜂窩也是他的工作之一，這對台北人龐鶴來說，實在始料未及。

● 讓每個人都能在此找到適合的位置

生活在他方貓空分店取名為「夜貓店」，從午後營業至深夜，由四位成員共同經營，龐鶴負責食物，小夫負責甜點，嘉黛負責陳設設計，以及負責繪本選書的小羊，大家在各自領域發揮所長，精確的分工讓所有細節皆能相得益彰。無論在餐飲甜點，空間設計，繪本選書都用心規劃。

空間設計上，現由來訪的客人類型思考，規劃較大的戶外包廂座位，讓一大群來的朋友們能自在放肆地聊天，不必害怕音量太大影響別桌。而室內區一進門則能看到書架區，讓旅客不會錯過店內選書，室內座位區氣氛偏向寧靜，許多獨自帶筆電工作的客人也不會被干擾，能靜靜閱讀。開店之後，龐鶴觀察到店內客人有大多數是情侶，因此在戶外庭園區多安排了幾組一桌二椅的位子，讓情侶可以有一隅空間，好好享受兩人時光。

● 吃了還會想念的味道

午後，來到生活在他方的廚房後台，看見一位甜點師在兩口爐前不斷地煎千層

蛋糕餅皮，另一位師傅則在機器製作著較厚的餅皮，完全手工製作的千層蛋糕，香氣自廚房蔓延開來，甜點師傅們一片片辛苦製作的餅皮，依據不同口味使用，手工煎的薄皮適合做抹茶、可可、焙茶等口味的千層蛋糕，而較厚的餅皮則用來製作水果千層。店內的招牌小山園抹茶千層，是龐鶴與夥伴在京都旅行時，造訪丸久小山園的回憶，當時驚艷於小山園抹茶的細緻與香氣，於是將靈感帶回台灣，製作了這款小山園抹茶千層蛋糕，抹茶味濃淡適中，入口宜人。

搬到貓空山頭，龐鶴在飲食上也開發了新品項，思考來貓空有一部分的外國旅客，因此想製作台灣具代表性的世界飲品珍珠奶茶，揉合貓空知名的鐵觀音，製成鐵觀音珍珠奶茶。龐鶴特別尋訪貓空各家茶園的鐵觀音，最後選擇了山下的鄰居「美加茶園」，製作出的鐵觀音茶香清爽，不會太過厚重，搭配Q彈珍珠，整體喝起來甜度適中，鐵觀音的特色明顯，卻又不會搶了整體的風采，是一種讓人念念不忘的味道。

除了飲料及甜點外，店內也提供熱食。龐鶴思及甫到貓空時，所感受如眷村氛圍，因此設計眷村乾拌麵，熟食皆現點現做，讓來訪的旅客能在山頭吃一碗熱騰騰的麵，乾拌麵有嚼勁的麵條，上頭撲滿燒肉、黑木耳、小黃瓜絲、青蔥和一顆半熟蛋，搭配一小杯鐵觀音和兩道小菜，如同奶奶端出的午餐，溫暖澎湃。

●是咖啡館 也是一間任性的書店

一走進「生活在他方 夜貓店」，眼見書櫃上陳列的繪本，標示著這裡不只是咖啡館，也是間獨立書店。書籍多半是由現居英國的小羊將選書送回台灣，有許多非主流書籍，英歐的獨立書籍和大人的繪本藝術，獨特的選書品味，也是生活在他方的特色之一。正因為採複合式經營，選書可以不必迎合市場，更能任性選擇自己真正喜愛的書。

某個冬夜微雨，龐鶴一人在店裡工作，有對情侶走進店裡，進來翻翻架上的書，點了飲料和餐點，回去發現客人在社群媒體分享了對夜貓店的喜愛，這讓龐鶴非常感動。他想起某次到日本箱根旅行，在寒冷的冬夜裡，鄉間街上無人，走著走著發現一間店燈火通明，進店裡喝杯暖暖的甘酒與食物後，心裏也緩和了，當時希望自己也能開一間像這樣的店，而夜貓店實現了龐鶴的想像。儘管貓空

夜裡都暗了，還有這間店的光還亮著，提供旅客一處安適的空間，可以吃碗暖暖的麵，點杯好喝的飲料，翻看一本與靈魂對話的書。

隨意將目光轉向書櫃的其中一本繪本，書封貼著米黃色紙條，字跡寫著：「時間如何衡量？什麼是快，又如何才算慢？繪者 Manuel Marsol 曾表示『幼時在西班牙鄉下渡過的漫長暑假，與人群朋友相隔遙遠，只剩整日無所事事的緩慢感與大自然，如今回想起來，那段日子帶給我許多感觸，在事隔多年後回想起來。』

虛度無聊的時刻，感受時間的速度，『無聊』常給人負面的感覺，但換個念頭想，『無聊』也是終於靜下來的時候，時間沒有被浪費，你正在感受時間，與之共處，什麼事也沒發生，那樣也沒關係；是快或慢，是豐沛還是匱乏，也無需定義，自然，而然。」

這般手寫字條，在店內書上能隨機發現，這是另一位夥伴佳佳在親手寫的文字，她在閱讀完繪本後，將自己的感觸與介紹細細寫上，即便沒有旁人說明，也能清楚明白每本繪本的動人之處，讓旅客更能安然自適地逛書店。

這本繪本也正如同貓空山上的日子，儘管時光漫漫，卻沒有絲毫浪費，因為無聊而留下的空白，才正好有時間去感受時間。

生乳捲

霜淇淋

起士蛋糕

MAOKONG DESSERT

小饅頭

冰淇淋

布丁

糰子

鬆餅

肉桂捲

MAOKONG

photo 日常散步 李盈靜

NIGHT VIEW

位處文山區邊界的貓空，望外直面台北盆地的高低輪廓，過去跟隨茶農結束一日辛勤的夜幕，今日是陪伴都市人暫離喧囂的 夜景。

1980 年代，休閒農業在台灣各地萌芽，貓空也不例外，

逐漸從產茶區轉型為茶藝與夜景勝地。隨著 101 大樓完工、美麗華摩天輪營運、市區商家繁榮興立，貓空的夜景越來越熱鬧，既有層層山巒與氤氳霧氣環繞，也有爛漫燈火與指標建物交錯，無數登山客、家庭、學生和情侶，都曾將心情寄託其中，這片夜景也以不同姿態覆上大家的記憶。

貓空的夜景除了美，還很香。2007 年貓空

text 薛景文　illustration 子仙

遠眺 //// 🌙 大台北的 /////// 爛漫夜色

纜車開通，便捷的交通帶來更多人潮，以貓空站為中心的兩側山路，都陸續開起景觀餐廳，為大家打理好觀景區以及觀景時延伸的口腹之慾。多數餐飲商家以「茶館」、「茶莊」為名，現代一點的叫「Cafe」，都由早期茶農後代所經營，或供應好茶，或推出以茶入菜的創意料理，讓賞夜景的人多了味覺的享受，也多了久留山上的理由。

貓空山上高達 50 家店，各有不同的風格、餐飲服務。沿著指南路三段兩側展開，從進、到遠、現代到古代，我們以夜景為主題，挑選八間能遠眺大台北燈火夜色的特色餐廳，先一步感受現場氛圍。其他店家留待各位探索，讓它們成為再度造訪貓空的理由。

01 | TO GO ☆
貓空四爺

台北市文山區指南路三段 38 巷 16-2 號 2 樓
02-22340140

搭貓纜上山的遊客,多少都對離貓空站很近的「貓空四爺」有印象。四爺餐飲集團,在山上頗負盛名,老闆一家深耕在地近 30 年,從最初推銷自產的鐵觀音、包種茶,到後來以茶入菜做出好口碑,餐廳一間接著一間開立,集團旗下有三間店都走不同特色主題,尤以宮廷風的貓空四爺在近年最具人氣。

彷彿想帶客人來到另個時空,貓空四爺將古典中式風格的小橋、魚池、涼亭造景呈現在店裡,饒富創意和趣味,與空間同樣有特色的金字塔茶炒飯,堆成立體三角柱,一上桌便成為醒目焦點。凡是來客都可選擇喫茶包廂座位,在古色古韻的裝潢裡眺望窗外山景,這裡的視野或許不是貓空第一,但所處環境清幽,伴佐店內空間與餐點帶來的驚喜,去過一次便印象深刻。

03 | TO GO ☆
光羽塩

台北市文山區指南路三段 38 巷 14-2 號
02-29394050

坐擁大面積獨棟建築的光羽塩,前身是 1989 年創立的清心茶坊。初代老闆原本在自有茶園旁成立茶坊,供應熱茶給遠道而來的登山客。隨著二代接手,茶坊擴大為餐廳,2014 年,再以「光羽塩 Lytea」之名重新開張。

餐廳從裝潢到菜單都因應現代風格設計,舒適雅緻的座位環境、自家研發的精緻菜色,伴著茶香與山景,為舊雨新知帶來更好的體驗。店內最受歡迎的長沙發區像個小包廂一樣,面朝大片玻璃落地窗,白天時可見清新明媚的山光,夜晚時可直眺大台北的燈火。點盤高人氣的檸檬嫩雞、鐵觀音茶蝦和茶香炒飯,再沏壺鐵觀音熱茶,品嘗餐飲與夜景的同時,也能細細感受老闆一家傳承三代的堅持與用心。

02 | TO GO ⭐
龍門客棧

貓空龍門客棧在 1992 年開立，古典中式店名與白色的南洋風外觀，構成令人印象深刻的對比。但凡有人邀你上貓空走走，說「有在龍門客棧預約桶仔雞」，那對方真的內行。

嚴選放山雞塗上秘製醃料，再嚴謹把關煙燻流程，讓桶仔雞皮脆、肉嫩、多汁。天冷時加點招牌菜脯雞湯，濃醇又回甘。若還嫌餐桌單調，不妨再配上幾道餐點和茶飲，口腹之慾都能在此滿足。以地勢來說，貓空龍門客棧位在貓空至高點，台北城市的多樣面貌都可在此一覽無遺，客人們品嘗美食之餘，還能一邊遠眺都會夜景。2022 年，龍門客棧更拿下了亞太十大名菜的肯定。每逢假日都是滿滿人潮，每個來到貓空的旅人，必訪店家清單裡永遠都有它的位子。

台北市文山區指南路三段 38 巷 22 之 2 號
02-29398865

04 | TO GO ⭐
紅木屋

紅木屋是貓空第一間休閒茶館，緣起 1988 年，現已傳承兩代老闆經營，結合了茶館與咖啡館的空間，氛圍像家一般溫馨。

來此單純品茶，服務生會端來燒水壺、茶壺、茶杯、茶碗等大大小小的道具，讓客人體驗老派泡茶的魅力；若需要用餐，這裡也有豐富的中式菜色，招牌菜「過貓望月」在快炒後的過貓上，打上一顆生雞蛋，口感綿密而滑順，配上像茶香醉雞、茶油麵線等料理，即便在炎夏裡也覺得身心清爽。夜晚時分，室內與室外座位區有著不同情調，因為店家本身所處地勢極好，所以每處都能賞到清晰夜景，最遠還可眺望至淡水河畔。客人們用著餐、佐著萬家燈火，感受這間三十多歲的老店，以它沉穩內斂的方式，揭示貓空的迷人底蘊。

台北市文山區指南路三段 38 巷 33 號
02-29399706

05

TO GO ⭐
貓空找茶屋

走出貓空站外，順著馬路走便可見到「找茶屋」成排白色屋頂玻璃屋。在貓空，找茶屋可說是新生代餐廳，2020 年才正式開立。室內是簡約清新的白色系，戶外屋簷下設有度假風沙發，正對遠方山景，也盡收台北盆地不同時刻的光景。

空間與景觀厲害，餐飲也不遑多讓。茶飲品項有近年盛行的玻璃罐裝冷泡茶，也有以傳統陶壺沖泡的在地茶；餐點部分下足了功夫，一系列融合古早味與現代創意的料理；甜點部分像茶乳酪蛋糕，以及海藻糖與天然色素製作的綠豆糕，外型精緻、口感也毫不馬虎的類型。或為了美景、餐點、拍照而來，貓空找茶屋都以真心款待的姿態與實力，為大家敞開。

台北市文山區指南路三段 38 巷 33-5 號正對面
02-29398622

07

TO GO ⭐
阿義師的大茶壺
茶餐廳

「以茶入菜」對貓空上的餐廳來說，大概是必備技能；然而將此技能講究到更高層級，並推展行銷國際的，大概只有阿義師的大茶壺茶餐廳。扎根在地三十餘年的大茶壺，過去是山區常見的土雞城。直到第三代人稱阿義師的張侑霖接手，才往「茶文化餐廳」轉型。

店內紅磚牆配木桌椅散發一股古早味情懷。入座後翻開菜單，上頭的餐點多半與花、果、茶相關，一道道創意與美味兼具的料理，讓名稱上的花、果、茶不只是妝點，而是徹底融合在風味與口感上的亮點。如玫瑰玉鑽蝦、武夷岩茶燻雞腿、紅玉豬腳麵線……，光是名稱就自帶色彩與香氣。歷經多年，許多經典招牌菜都屹立不搖，持續吸引客人登門品嘗。

台北市文山區指南路三段 38 巷 37-1 號 1 樓
02-29395615

06

TO GO ★
貓空閒咖啡

台北市文山區指南路三段 38 巷 33-7 號
0953-304776

來貓空遇不到貓，來貓空閒咖啡一定遇得到。沿著貓空站外的馬路走，不用多久便可見到貓空閒咖啡的入口，入口兩側立著童趣感的貓咪圖案招牌，順著階梯往上，來到一處富有度假感的戶外秘境，隨即聞到濃濃咖啡香。店內兩隻虎斑貓會依據當天心情選擇趴睡的領域，偶爾親人、偶爾做自己。

2018 年前，貓空閒咖啡的模樣都還只是一台行動咖啡車，而後隨著客群的穩定，拓展為如今的戶外咖啡廳。營業從白天 10 點一路開到深夜 12 點，夜裡四周在綠林植被的包圍下，襯著懸掛燈串的橘光，氛圍十分浪漫。有別於其他景觀餐廳，這裡堅持提供咖啡輕食。點杯咖啡、奶茶或果汁，再加一份現烤鬆餅或烤吐司，在自然生態的環繞下俯瞰城市，心往往也隨之找到空閒之道。

08

TO GO ★
貓空山水客景
觀茶館

台北市文山區指南路三段 40 巷 8-5 號
02-22341239

若想專程到貓空品茶，不少內行人會推薦貓空山水客景觀茶館。這裡除了大家熟知的金萱、烏龍、碧螺春、四季春……，屬於貓空招牌的鐵觀音，還分成特級、良級供選擇，讓平日少有機會嘗到真正好茶的城市人，翻新對茶文化的認識，老闆也會仔細介紹茶葉的風味與泡茶的要訣，讓輕鬆的品茶儀式，成為認識地方風情的起點。搭乘貓纜上來的遊客，步行到山水客景觀茶館約莫需要 15 分鐘。這裡的氛圍與自然環境融合地很好，裝潢樸實簡單，氛圍清幽高雅，座位區分成室內、涼亭、和戶外座，期待一面品茶一面賞景的客人，會以戶外座為優先選擇。

夜幕升起，萬家燈火點亮市區，氤氳霧氣繞著山巒蒙上一層神秘，坐在山水客景觀茶館的庭園靜靜欣賞這幅景象，十足愜意。

GOURMET GUIDE

◎貓空餐飲店家指南

● 采耕製茶　台北市文山區老泉街45巷36號
02-22348966

● 晨曦茶坊　台北市文山區指南路三段34巷53號
02-29364336

● LAX慵懶　台北市文山區指南路三段34巷12號
02-29373207

● 六季香茶坊　台北市文山區指南路三段34巷53-1號
0913-312052

● 德興茶園　台北市文山區指南路三段34巷21號
02-29398277

● 東昇園　台北市文山區指南路三段38巷14號
02-22341679

● 樟湖自然
休閒農園　台北市文山區指南路三段34巷29-1號
02-29394341

● 談天園　台北市文山區指南路三段38巷14-3號
02-29368167

● 蘭姐　台北市文山區指南路三段34巷47-1號
02-29398088

● 觀鼎休閒茶園　台北市文山區指南路三段38巷16-5號
02-29399190

● 上暘茶莊　台北市文山區指南路三段38巷16-2號1樓
02-29385255

● 茶言觀舍　台北市文山區指南路三段38巷20號
02-22345333

● 貓空暘臺　台北市文山區指南路三段38巷16-4號
02-29370189

● 茶香豬舍　台北市文山區指南路三段38巷20號
02-27593001

● 貓空茶屋　台北市文山區指南路三段38巷16-8號
02-29366066

● 鴻智茶場　台北市文山區指南路三段38巷21號
02-29395810

● 大頭土雞城　台北市文山區指南路三段38巷18-2號
02-29381943

● 大觀園　台北市文山區指南路三段38巷22-1號
02-29392198

● 美加茶園　台北市文山區指南路三段38巷19號
02-29386277

● 小木屋　台北市文山區指南路三段38巷28號
02-29390649

● 春茶鄉	台北市文山區指南路三段38巷30號 02-29390559	● 清泉山莊	台北市文山區指南路三段38巷33-3號 02-29368761
● 山中茶	台北市文山區指南路三段38巷33號2、3樓 02-22344688	● 貓空CAFE巷	台北市文山區指南路三段38巷33-5號 02-22348637
● 四哥的店	台北市文山區指南路三段38巷33-1號2樓 02-29392832	● 正大休閒茶園	台北市文山區指南路三段38巷33-5號 02-29384060
● 清泉廣場	台北市文山區指南路三段38巷33-1號 （對面山坡）02-29383222	● 雙橡園	台北市文山區指南路三段38巷33-6號 02-22344917
● 雪敲	台北市文山區指南路三段38巷33-2號 0953-022636	● 迺乾茶莊	台北市文山區指南路三段38巷37號 02-22343399

● 奉陪	台北市文山區指南路三段38巷37-1號2樓 02-29395057	● 相逢居	台北市文山區指南路三段40巷12號 02-29396509
● 生活在他方	台北市文山區指南路三段40巷8-5號	● 金盆	台北市文山區指南路三段40巷12-1號 0958515253
● 龍芽茶坊	台北市文山區指南路三段40巷24-2號 0938-760598	● 威叔茶莊	台北市文山區指南路三段40巷36號 0933-219509
● 寒舍茶坊	台北市文山區指南路三段40巷6號 02-29384934	● 映月茶館	台北市文山區指南路三段167巷8號 02-29399099
● 邀月茶坊	台北市文山區指南路三段40巷6號 02-29392025	● 渤海草堂	台北市文山區指南路三段209號 0919-290284

自山林橫空而下

鶴 The Crane 的音樂創作
與貓空記憶

text 黃銘彰　photo 日常散步 李盈靜

入秋的貓空氣溫宜人，不時吹來徐徐清風，飄著淡淡茶香。一日向晚時分，新生代全才音樂人鶴 The Crane 依約而至，揀了個倚著山的座席坐定，泡起茶、翻著書，自在有如在家一般。事實上，在 19 歲到 26 歲這段時間，貓空一帶真真確確是他的家。19 歲隨家人從松山區移遷至此，他在這裡度過大學歲月；至今憶起貓空一帶的生活場景，哪家店好吃、老闆性格如何，哪一條步道走起來輕鬆、最適合獨自放空，他仍如數家珍。那段尚未為眾人知曉的時光，像是鶴 The Crane 生命中一方珍貴的抽屜，內裡貯放著年少時稚氣未脫的私己記憶。

2019 年，過去擔任樂手及製作人的林泰羽，帶著多年積累的音樂養分，以「鶴 The Crane」為名在 StreetVoice 街聲平台上傳單曲〈Monday Gir〉初試啼聲，討喜的主題與馳放的旋律線，很快便引起關注。隔年，The Crane 再推出創作歌曲〈LIMO〉，慵懶的唱腔演繹起另類 R&B，深受樂迷喜愛，在各大串流平台積累上百萬播放次數，流暢的英文表達、層次豐富的編曲、全方位的技能，更讓他備受業內肯定，不僅一舉入圍金音創作獎，亦成為不少音樂人邀約合作的對象。

● 成為鶴 The Crane 之前

自言從小就是個有表演欲的人，高中加入音樂創作社，發現音樂可以充分表達

自我，自此便一頭栽入音樂的世界。而後，他考進政治大學，在大學四年，兼顧課業之餘，他持續累積創作，並曾擔任電子民謠樂團他者的合成器手、HUSH 的巡演樂手，而後更擔任鄭宜農專輯《給天王星》多首歌曲製作人，在不同角色之間歷練自我。

「我要做一件事情，通常需要很多準備，而且要把每一個細節都想好。確定 OK 的話，它可能才會有一點點效果。我是那種沒有辦法跳級的人。」他說大學時並沒有設定未來要做音樂工作，更別說成為幕前的歌手，「只是剛好比較幸運，得到一些機會。慢慢習慣這樣的步調之後，還是想寫一點自己的歌。雖然動作比較慢，但還是可以完成。」

要發第一首歌〈Monday Girl〉之前，他同樣做足準備，想過所有可能。「一旦我們在一個群體裡面有著屬於自己的角色，大家可能會很難意識到，這個人有可能對其他角色有潛在的興趣。舉例來說，我不大可能突然跟你說，『你想不想跟我聊劍道？』這樣會很奇怪吧。」（「其實我沒有在研究劍道啦。」他後來補充。）

描述這段從幕後轉向幕前的過程，他有感而發，「那需要一種微量的勇氣來克服最大靜摩擦力，才能夠以足夠的篤定面對大家，或者告訴身邊的人為什麼我要這麼做。」

獲得注目、甚至後來加入由 OZI、米奇林與剃刀蔣主理的音樂廠牌，如今想來，都出乎當時的意料。「我是個容易滿足的人。之前做自己的創作，幾乎都處在一個很舒服的狀態，也覺得已經很滿足。」林泰羽說，「加入公司之後，我好像開始有個不一樣的衝勁是，也想挑戰看看能不能也做出一些讓公司覺得還不錯的成績。」他也預告，個人首張專輯將在今年年底正式面世，專輯製作也會由自己一手擔綱。

●貓空的家　創造了獨處的空間

大學同學說，林泰羽在大學時就有種鶴立雞群的感覺，除了在音樂工作這塊一定很努力，讓大家印象特別深刻的還有，「他是系上唯一一個會從家裡騎腳踏車來上課的人」。

上貓空泡茶是許多政大學生的休閒娛樂，最受歡迎的店，莫過於 24 小時營業的邀月茶坊。

「我其實很記得一個感覺，就是在寒暑假或是逢年過節的時候，大家都會回到各自的家、或者回到中南部、台北或其他地方。就我一直在這裡，像是被留宿在宿舍裡面的學生。」他說，「那個孤單感覺很奇妙，它不是單純的痛苦，而是一種別人不會有的獨處時間。」

在這樣特別的時刻，或者創作上卡關的時刻，他喜歡獨自去學校旁的河堤散步，或到環山步道走走，「從那時我家的後門走一個很奇怪的山坡上去，繞一圈下來剛好半小時左右。大家都會特別期待說做一件事情會有感想，但其實我也沒有幹嘛，也沒什麼感想。但它就是一個過程，或者某種陪伴，走完了，它的意義也就完成了。」

「我家在一個窗戶打開會直接看到一整片綠、晚上蟲鳴鳥叫聲大到像在下雨的地方。」林泰羽說，在 26 歲之前那個之於他來說「還在掙扎，還在努力」的階段，在一個遠離塵囂、鮮有打擾的地方生活，簡直再適合不過。

「雖然我沒有到內向，但是我很需要自己的時間，無論是放鬆或是在工作上，我都需要一個可以完全停下來、自己面對自己的時間。特別那時候在做的音樂相對之下還在摸索，或者說我有一半的時間在做幕後工作，更需要充足的時間研究一些純粹技術上的事情，或者在想法上，哪些東西讓我感覺比較自在、比較快樂等等。」

貓空遺世而獨立的環境，為徬徨年歲的他撐出空間來，或漫步林間小徑，或窩在自家房間，在這段佔據目前人生四分之一的時長，一步步拼湊起自我的樣貌。「我像是在空曠的田裡面自顧自地寫生，不管路過的人停下來或者走掉，我就這樣做著自己的事，可能還會盡可能把這個地方弄得很舒適，蓋間小木屋、弄個廁所之類的。」這種帶有生活感又略顯奇幻的譬喻盡顯他的風格。

●羽翼漸豐後的起風振翅

隨著發行 EP、簽入新廠牌，林泰羽也正式宣告進入下個階段。現在的他，遊走於歌手與製作人身分，籌備首張專輯之餘，也與眾多不同類型的音樂人合作，從古典小提琴樂手出身的盧思蒨、結合電子與民謠的女子雙人組合凹與山，到金曲歌后彭佳慧，都找上他製作歌曲。

「因為我過去有過創作的階段、做樂團的階段、當樂手的階段，也有替歌手製作的歷程，再到現在是以個人的身分活動，所以比較可以感同身受，同時以過去自己的經驗判斷，協助歌手做到某種剛好的程度。」

他說，現在的自己好像能夠更自適地跟外界交流，把自己的東西拿出來跟同好分享。如此的狀態也有助於創作的開展，乃至於更有效率地推進專輯進度。「現在就是每天都在做音樂，很邋遢地在做各式各樣的音樂。」他說，這張專輯可以說是整合了他各個階段的學習，「一定也會有很酷的東西。」

隱身貓空山林沉潛數年後橫空入世，鶴 The Crane 乘著氤氳山林滋養而來的豐厚羽翼，以及足以眺望全城的寬廣視野，即將狹帶著他更多的創作在樂壇振翅起風。在狀似洋派的流行軌跡裡，或許偶爾還帶著些許如鐵觀音茶般引人神迷的東方韻味。

TEA

THINGS

順著日光及作物作息，是大家對從農生活的一般印象，卻不是貓空茶農們熟悉的節奏。特別是製作鐵觀音的日子，採收後茶農幾乎整日不闔眼，專注塑造鐵觀音的風味，一路忙到深夜是家常便飯。關於鐵觀音以及山上的茶農生活，是時候該重新認識。

◉茶之事

做茶是一件
跟時間賽跑的事情

茶跟茶農的 24 小時

text 羅健宏　photo 林家賢

貓空地區的木柵鐵觀音主攻春茶和冬茶，這兩個季節也是茶農最忙碌的時候。
然而各家忙碌時間不等，端看茶園的規模，不過情況類似：這段時間幾乎要 24
小時不闔眼，投入全副心力，一口氣將茶菁（新鮮茶葉）加工成粗製的毛茶。
這是貓空茶農的 24 小時，也是鐵觀音誕生的 24 小時。

鐵觀音製茶可分成八道步驟，分成萎凋、浪菁、炒菁、揉捻、乾燥、團揉、挑
梗和覆焙。除了倒數三項，所有的動作要一氣呵成，如果從早上收到新鮮茶葉
開始算起，大家通常會忙到隔天的凌晨，甚至有茶農會直接通宵工作。

之所以需要如此作業的原因，是要控制茶葉的發酵度。自茶葉摘採下來一直到
炒菁前，茶葉會持續處於氧化作用。氧化的控制不只是影響茶葉的發酵程度，
也包含茶的風味。一批茶葉的好壞往往決定在前期的處理。貓空山上的茶農給
予了一致的回答。

因為山上的土地零碎，茶園規模小，因此摘採工作通常是自行作業。也有茶農會
選擇雇用採茶阿嬤，因為長年負責採茶，速度相對快，自己就專心處理後續加工。

●與茶葉共進的生活作息

一簍簍的新鮮茶菁被載往茶場。茶農會先開始進行名為日光萎凋的日曬作業。

藉著陽光曝曬，破壞嫩葉的組織細胞，釋放水分讓葉片軟化，促進氧化作用。山上的茶農會稱之為「走水」。為了要讓茶葉走水順利，日曬需要盡可能均勻平鋪。寒舍茶園的張智麟說，「茶葉就是要鬆鬆的才好。」這樣茶的風味才可以盡情釋放。

陽光好比風味的開關，實際促成風味成形的是之後的「浪菁」。結束日光萎凋後，茶葉會移到室內繼續放置，若聞茶葉，此時，會有一股如青草般的「菁味」，浪菁的任務，就是持續翻動茶葉促進氧化加速走水，浪菁又分成小浪及大浪。前者是用手輕翻，後者則是放入攪拌機內長時間連續翻動，進行每個步驟之前都需要先確認菁味是否減少，這關乎最終鐵觀音做出來的品質。

浪菁的工作大約是中午開始，隨著一批批新的茶葉送到茶場，茶農們必須一而再地重複同樣的動作直到深夜。早年沒有機器協助，大浪得靠人力不間斷攪拌。光是一盤茶就需要連續翻動十分鐘。即便今天已經有機器取代，小浪依舊得由人力處理，大家提到，手翻是促成鐵觀音風味的重要關鍵。只是同樣的事情做久了難免覺得無聊，觀鼎休閒茶園的張家愷強調，做茶農耐心是必要的。

結束浪菁，下一步「炒菁」是將茶葉放入機器烘炒，中止氧化反應。這批鐵觀音茶的風味就會大致定型。緊接著會放入將機器「揉捻」，趁熱將茶葉揉成條索狀，儘管此時茶葉高達百度，多數茶農習慣直接處理，張家愷笑稱大家因此練就一副不怕燙的功力。接著送入「乾燥」，將茶葉剩餘的水分去除，完成這個階段就是一般人稱的「毛茶」。往往這個時候，已經是可以看到滿天星斗的凌晨時分。

●鬆口氣，結束後轉換成貼近都市的生活節奏

後續的加工不受時間限制，但對鐵觀音風味的影響也很重要，特別是毛茶後的「團揉」。團揉目的是為了將茶葉加熱塑形成球粒狀。采耕製茶的張君誠解釋，「是藉由加壓加熱的動作，將茶葉的水分逼出來，過程中會產生再發酵，增添鐵觀音特有的熟果香氣。」需要先將茶葉用束包機扭緊，在進入布揉機滾動，兩個步驟需重複至少 20 次，直到茶葉捲成一顆顆球粒狀。

進入團揉，包含「挑梗」跟「覆焙」這二個步驟較無時間壓力，茶農們可以慢

萎凋

把茶葉放在日光下曝曬

1

揉捻

用機器將茶葉揉成條索狀

4

團揉

茶葉包在布巾裡加壓塑形成球粒狀

6

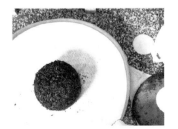

浪菁
用手翻動茶葉
2

炒菁
將茶葉加熱停止發酵
3

乾燥
過機器烘乾去除水分
5

挑梗
將茶葉的梗挑出
7

覆焙
反覆加熱將茶葉水分再去除
8

慢作業，也趁機稍作休息。由於木柵鐵觀音生產量不大，挑梗一般會採取人工作業，茶農們通常是全家動員。大家會圍著桌子一起聊天，或者是邊看電視邊挑梗，需要好幾天的時間才可以全部消化，進入最後的「覆焙」：將茶反覆加熱乾燥，將風味控制在最佳狀態。

這是做茶的農忙節奏，不做茶的 24 小時，茶農們則過著另一種生活。那是一個更貼近都市步調，或更像夜貓子的作息，這與山上的茶館、餐廳開到深夜有直接的關聯，兼做餐飲的茶農們往往會忙到凌晨兩三點，甚至再更晚，已接近魚肚白的清晨時分才入眠。隨著貓纜設置，山上的店家雖跟著配合調整營業時間，卻難以完全改變過去的生活模式。如果對做農的想像是日出而作，貓空山上的茶農們，則展現了截然不同的模樣。

或許這也是貓空木柵鐵觀音獨特的原因。

（右）繁複的工序，是鐵觀音之所以迷人的理由。

24H

製茶進入最終的覆焙，是貓空的魔幻時刻。這時間，整座山頭會洋溢著濃郁的茶香，
提醒著愛茶的人們，是時候該聯繫茶農，迎接今年的好茶。

用不滅碳火悶出
深遠茶韻

鐵觀音碳培工法

text 鄭雅文　　photo 林家賢

若說萎凋到炒菁被歸類為分秒必爭，鐵觀音茶後面的工序就像是延長賽，每道環節十足耗時，尤其最後一關覆焙需要反覆加熱茶葉，儘管現在有機器協助，但張協興茶行仍堅持使用傳統碳焙，同業稱此古法以文火加熱茶葉，能創造機器無法取代的滋味，究竟傳統有何特色之處？

六月貓空老泉山上，杏花林休閒農場裡的杏花還未開，裏邊一處平房，正看見張協興茶行的焙茶師，在碳焙室準備碳焙茶葉。先將木碳擊碎，填進深度60公分的地窟中，接著把木碳錘實，排出空氣，避免火過度燃起，最上方放置碳化稻殼，然後點火，燃起的微火會慢慢往下燒，經過一、兩天的悶燒，整個焙坑的碳火都是穩定的文火，外表看來沒有半點火光，這才是碳焙茶葉的開端。

以古法碳焙的茶葉，泡出的茶湯滋味圓潤，帶出火烤龍眼乾的香氣，第一泡清爽，入口甘甜，第二泡茶葉展開，鐵觀音特有的熟果香傳遞舌尖，這是焙茶機難以複製的味道，如同黑膠唱片傳出的聲線，和數位唱片必然有所差別，其溫潤清澈的口感，現代電焙難以複製。

●貓空僅存古法碳焙茶葉

張協興茶行是貓空僅存以古法地窟碳焙茶葉的商家，原本焙茶都是在山腳下的

店面，總共有 20 口爐能同時焙製，但由於空間離住家太近，為了安全起見，二代老闆張智揚決定在貓空老泉山上另闢一間焙茶室。

張協興茶行的山間焙茶室中，總共十口焙爐，每次點火會燒起九口爐，焙茶師得在溫度高達 40 度碳焙室裡工作，持續整整 15 天燃燒，焙茶師得日夜兼顧茶葉，極度考驗焙茶師的經驗與實力。

碳火焙茶的難度在於選料與火候，選料意指在焙茶的過程中，要明白什麼樣的火候與程度，該烘什麼茶葉，掌握其進度與調整的方向，這是焙茶師的實力展現。熟練的製茶師，一看就能知道茶葉該如何調整。

火候調控則是另一項考驗，若使用焙茶機電焙只需精準控制溫度、時間的數字即可，然而碳焙是要以古法撥灰、整火的技法，將碳火的溫度做微調，比方在烘焙的途中，若需要降溫，要撥一點灰進焙火爐中，而整火則是透過翻動碳火爐，讓火力稍稍調高，以文火加熱的碳焙，任何調整都在毫米之間，些微的差距就能影響茶葉風味。

●唐山焙茶師傳承深厚焙茶工夫

相較於電焙，碳火烘焙是一種透過輻射熱加溫茶葉的方式，張協興茶行選用龍眼木、相思木等火候較為穩定的木炭，因為碳火焙茶追求火候穩定，微火慢烘，這 15 天會依據茶葉特性進行茶葉焙製，前幾天火候較不穩定，通常會先燃燒一天，自第二天起先焙茶梗，第三至十天的火候最穩定，則進行較珍貴的鐵觀音茶葉焙製，最後二至三天火力漸弱，進行輕發酵包種、烏龍的焙製。

現仍堅持碳火焙茶的張協興茶行，1949 年由第一代老闆張丁頂創立，現由第三代接手茶行，張丁頂是張欣柔的爺爺，當時爺爺收購貓空山上茶農的茶，再轉手出售，奶奶也在當時開了張協興雜貨店，讓山上的茶農能順路買些日用品上山，張欣柔分享：「以前家裡請了唐山師焙茶。」她口中的唐山師即是來自福建的焙茶師傅，爺爺的焙茶技術在此時習得。

張協興茶行所出產的鐵觀音深獲顧客喜愛，細火慢焙出的鐵觀音，展現出特殊韻味，取其一滴如甘露之意命名為「一滴露」，許多政商名流也深愛這款茶，

是張協興茶行最具歷史與代表性的茶。

●新一代接手 傳承碳焙茶香

張協興茶行已傳承到第三代，姊姊張欣柔投入行銷營運、二妹張依平製作茶甜點、小妹張群負責碳焙茶葉焙製，既要保留茶行珍貴的傳統，也要在其中求新求變，張欣柔提到自己最喜歡客人來到茶行問店裡一斤茶多少，店裡的茶從一斤900到一斤三萬都有賣，這也代表著客層分佈廣泛，從擁有高消費力也識茶的顧客，到消費力較低對茶認識初淺的顧客都有，各種客層的需求，張欣柔都希望能滿足。

除了盡力保留碳焙古法，讓老顧客可以喝到傳統的滋味，也因應現代人的飲茶習慣做出調整。不過，既然碳焙茶葉如此辛苦，為何張協興茶行仍然堅持製作呢？張欣柔說：「碳焙對我們來說是一種家族的記憶，每到碳火焙茶的季節，都是全家一起幫忙，整屋子的茶香，衣服拿來碳焙室都能烘乾了，若我們停下手來，這項技術就停在我們這代了。」

焙茶室窗外是張家的茶園，爺爺晚年在此種了一片杏花林，2月杏花開，4月採春茶，6月、12月焙茶，焙茶室的自然景色隨季節更迭，只要焙茶室的碳火不滅，屬於貓空這座山頭的碳焙茶香就能淵遠流傳。

（右）藉由碳火減少鐵觀音茶葉中的殘留水分，茶的風味也會因此變得更加濃郁。

◎ 親手揉出風土的滋味

初心者的製茶體驗

text 鄭雅文　　photo 林家賢

台灣茶有著獨特的魅力，茶樹的滋味透過製茶師的手藝呈現，讓人能在嘴裡感受到花香與風土的滋味。貓空山上的美加茶園特別設計了製茶體驗，將原本需要數天至一周的繁瑣工序簡化，讓愛茶的人有機會製作自己的茶。

美加茶園是貓空的茶園世家，也是第一家「以茶入饌」的知名餐廳。現已由第十代張倞霖及張倞叡接手，不到 30 歲的姊姊張倞霖負責行銷營運管理，弟弟張倞叡負責製茶。體驗製茶的開始，源起於十年多前接待外國旅客，他們台灣喝茶吃料理之後，希望能進一步認識茶，於是張倞霖的媽媽開始了體驗課，起初只是參與簡易的幾個製茶步驟，有次張倞霖同學聽聞有製茶體驗課，也想來試試看，張倞霖這才發現，原來台灣人對台灣茶是如此陌生，對茶的認識僅限於手搖飲，於是她提議將體驗開放給台灣散客，讓製茶體驗不只是娛樂活動，更富教育意義。

台灣茶的工序繁複，每一個步驟都影響風味的呈現，對於體驗課程的設計，兩人將步驟逐項拆解，並在眾多茶裡，設計出一款介於綠茶與包種茶之間的茶，讓遊客在有限的數小時內體驗製茶，從採茶到製作，每個步驟都能參與操作，還能帶走一袋茶，回家自己沖泡。

整合相關資源，提供體驗活動的店家不只美加茶園，在臺北市貓空休閒產業社區發展協會的推廣之下，店家發展出獨特的體驗活動。除製茶、採茶，還有茶藝教學、茶甜點、茶餐的手作課程。若想親近自然，也有溯溪生態導覽，大活動則有源於過去謝天習俗，近幾年積極舉辦的孝道封茶，店家之間共同響應。藉由多樣且深度的體驗，創造更多人與貓空連結的機會。

① 反覆輕翻新鮮茶葉，促進水分蒸散 → ② 鍋中加熱拌炒，讓茶葉受熱停止發酵 → ③ 雙手不斷搓揉茶葉，直到變成條索狀 → ④ 將茶葉放入布巾加壓成布團球，加強塑型 → ⑤ 送乾燥機烘茶，喝一杯茶稍事休息 → ⑥ 茶葉裝袋，大功告成！

鐵觀音是一種製法，
也是一棵茶樹

正欉鐵觀音

text 鄭雅文   photo 林家賢

許多人都喝過鐵觀音，卻未必知道鐵觀音有兩層意義，一是茶樹品種，二是茶葉製程。以「鐵觀音」茶樹品種依循「鐵觀音」製程做出的鐵觀音，稱作「正欉」鐵觀音，今日泛指的鐵觀音是使用該技術烘焙的茶葉。由於茶樹照顧難度高，多數茶農逐漸改以其他品種分散風險，威叔茶莊創辦人陳威志則是少數主要種植鐵觀音茶樹的茶農之一。

陳威志與鐵觀音的淵源，得從貓空開始說起。1985 年，陳威志自中興大學園藝系畢業後，任職於台北市農會，派駐在臺北市鐵觀音包種茶研發推廣中心，代表公家向當地茶農採購茶葉，初次接觸到鐵觀音，並在茶葉改良場習茶，當時與「台灣茶葉之父」吳振鐸有許多接觸，因緣際會下在他身邊貼身學習，陳威志形容吳振鐸老師人如茶，為人剛正，品茶精準公正，對茶的熱情也感染了自己。他曾告訴陳威志：「鐵觀音在世界上是很特別的茶種，不要讓正欉在木柵失傳。」

●不讓正欉鐵觀音消失

鐵觀音茶樹原產於福建安溪，屬於小葉種茶樹，清末民初由木柵農民張迺妙兄弟前往福建安溪引進純種茶苗，在木柵指南里種植。茶樹多為向上生長，而鐵觀音樹型則呈散狀，成長緩慢，香氣獨特，葉片厚實梗粗，茶菁嬌貴，若與同

時期栽種的茶樹相比，採收數量少，照顧不易，時間效益不高。因此鐵觀音茶樹在貓空數量越來越少，目前多數農家改種植如四季春、金萱等生長較快速，採收量也高的品種。

正欉鐵觀音茶葉屬半發酵茶，同屬烏龍茶卻製程繁複，比一般輕發酵輕焙火的茶花上更多的時間及精神，再加上正欉鐵觀音比一般茶樹葉片更厚實，製作難度高，因此陳威志形容鐵觀音如同細火慢熬的料理，技術難度與其他茶類實在難以比擬。

1990 年，陳威志曾隨吳振鐸到福建安溪鐵觀音的故鄉交流，此行深深影響他的茶葉生涯，當時陳威志喝到吳振鐸老師的師父泡的茶，他用碗公泡了鐵觀音，此茶喝了一口，味道竟如影隨行，下定決心在貓空買地種茶，於 1991 年於木柵觀光茶園（貓空）成立「茗華園茶坊」，2016 年更名「威叔茶莊」。

貓空多是張姓，世代務農的張家子弟在貓空比比皆是，而陳威志作為一名外地來的茶師，選擇了對土地友善的有機耕作，以鋪蓋花生殼，種植魯冰花的方式來協助培育茶樹。有機茶園種植辛苦，雜草常常長得都要比茶樹高了，得以人工方式除草，才不會傷害茶樹。

●世代傳承 女兒接手經營 兒子製茶

對土地更友善耕作，生態也回到這塊土地。在茶師眼裡，自然萬物皆是信號，「採茶時看見大冠鷲盤旋，製茶時聽見果子狸聲，出冠軍茶。」陳威志曾在 2018 年獲得木柵優良鐵觀音茶比賽冬茶特等獎，就讀園藝系的兒子也對於種茶製茶相當有興趣，威叔茶莊裡的植物都是他與爸爸一同栽種的，對茶充滿熱誠。

威叔茶莊由女兒陳子玲接手，1992 年在茶山上出生的女兒，正逢茶藝館開張之際，當時生意正好，一個月的營業額可至百萬，就算再忙，陳威志也背著女兒做生意，陳威志笑說，女兒大概就是生在茶藝館，所以長大後才想接手茶莊。陳子玲負責茶館的經營與行銷，對新建的茶館很有想法，與家人討論後，將一樓規劃成父親的製茶空間，二、三樓則是茶藝館，以現代雅緻的經營，希望能將正欉鐵觀音的精神傳承下去。

「正欉鐵觀音味道濃郁，可以回沖七到十泡。」陳威志在言談間信手將茶倒入茶海，看似無意，實則有意地把最後一滴茶滴乾淨，正欉鐵觀音的茶香在室內蔓延開來，鐵觀音味道如蘭似桂，有著熟果香氣，若以人來比方，鐵觀音恰似歷盡滄桑功成身退，粗曠豁達的中年男子漢，以重火烘焙的茶葉，味道飽滿豐富。陳威志是這麼形容鐵觀音的：「鐵觀音，鐵代表堅毅，觀音是慈愛的化身。」

問威叔為何要如此辛苦種植正欉鐵觀音，答案也許就在茶湯中了，鐵觀音陪伴威叔走過許多人生的難關與困頓，他說，1995 年，忙著料理家中瑣事，茶館生意一度一落千丈，在悲傷之際，品一口溫熱的茶湯，如鐵觀音堅毅慈愛進駐心中，喝一盞鐵觀音，也化解人生的艱難與悲傷。

（左）茶樹通常需要三年時間的培育，生長緩慢的正欉，更需要栽種者悉心呵護。

◎跟茶為伍的生活

貓空青農對談

text 徐立真　photo 林家賢

做茶不是一件輕鬆的事情，光是一年冬、春兩季採收後，數天至一周不眠不休的加工，就相當耗費心神及體力。即便辛苦，多數茶農第二代都主動回家接班，甚至是放下原本的專業，從零開始。或許如此，山上的青農們彼此多了點同理（加上山上大家都姓張，多少也有些許同宗的親切感），最近更組成木柵區青農聯誼會，遇到農會比賽前，大夥都會帶著自家烘焙的鐵觀音到對方家裡討論，過程就像是這場對談，有閒聊、碎嘴、吐槽，當然也有互相理解。

張恩沛／張欣柔／張雯琳／張安如／張顥譯
（以下簡稱沛／柔／琳／如／譯）

——————　大家以前就認識了嗎？

如◎　以前在貓空大家比較是自家忙自家的，不像現在這樣熟悉，因為有聯誼會才開始認識其他家的青農。不過以前唸書上學要搭公車，在公車上都有看過對方，大概是知道他住哪裡往哪邊下車的程度。

琳◎　但要看公車路線，像是安如搭的車就不會繞到我這邊來。長大後活動範圍也不限山上，像是補習就會往山下木柵市區去，後來畢業後工作也是假日才回來山上幫忙，所以沒有聯誼會前，真的不容易相互認識。

——————　各位當初選擇回貓空的契機？

柔◎　我大學畢業就回來了，當時大環境不好，加上家裡正在申請休閒農場，需要人手，而且從小經歷過貓空繁榮的時期，想說能不能做些什麼，就決定回來幫忙。

譯◎　我覺得人終究是要回家，幹嘛不早一點回來，回來到現存差不多六年。

（由左至右）

張恩沛　鴻智茶場 學茶經歷十年，同時投入貓空茶文化的保存調查
張欣柔　張協興茶行 製茶經歷超過十年，現為木柵青農聯誼會會長
張雯琳　雙橡園餐廳 回來協助家族事業超過十年
張安如　晨曦茶坊 製茶經歷七年，近期開啟甜點事業
張顥譯　貓空茶神 茶經歷六年，同時跨足貓空商圈的推廣活動

沛◉　我是看到爸爸從 2006 年阿公過世後便返鄉獨自辛苦摸索做茶和照顧茶園，在阿嬤過世後便決定接手，從零開始，主要是希望傳承。

如◉　我原本做美容美髮，每天從貓空通勤台北市區太辛苦，後來想說家裡也有一家店，不如就回來做，差不多是 2015 年左右的事情。

琳◉　從小在家裡的餐廳幫忙，長大後跑去咖啡店打工，想說可以把咖啡帶來店裏，不過餐廳一直都很忙，等到終於有空閒下來，山上的第一家咖啡店已經開了 10 年……。

沛◉　我原本也想開店營業，返鄉後先在咖啡店打工，累積經驗，之後發現山上真的不缺店家，而是缺少傳承製茶的人，便放棄開店。 因為爸爸不是專業茶農，當我決定往製茶這條路走後，很多困難只能靠自己想辦法，找前輩老師學習。

柔◉　貓空鐵觀音真的很有趣，雖然製做過程就是那樣，但每家做出來的味道都不同，也各有一套自己的製作習慣。其實每季茶的狀態都不一樣，你要做的事情就是不斷調整，把它拉成同樣的水平，而且你這次失敗了沒有下一次。

譯◉　製茶需要天賦跟靈性，我們常講「看茶做茶」，靠的完全是經驗累積，像我爸就常說「我也不知道怎麼講，啊就這樣。」傳統工藝傳承的困難是在這裡。當你遇過所有情況，你就能避免失誤，因為你前面都做過了。

——————　回來從零開始怎麼辦？

沛◉　我一開始遇到問題就先去問安如爸爸跟山上其他前輩，他們經驗豐富，一看就知道我的問題出在哪。

如◉　他們不怕你學，加上不一定每個茶師的後輩都想製茶，所以當年輕人認真想學，互相又認識，這個傳承才會繼續下去。

譯◉　對，而且茶師們更無法接受，明明是好茶，但卻沒有做好！

柔◉　這跟當初鐵觀音進來貓空的起源很像，安如的曾祖父張迺妙是當年把鐵觀音品種從福建帶來台灣的人，因為他的推廣，貓空才開始種鐵觀音，這裡本來就有分享的傳統。

沛◉　不過老實說，每個老師傅都有自己一套方法，我後來試著取其交集，透過大家提供的經驗，慢慢建立一套自己的系統。

─────── 跟上一代工作會有什麼觀念上差異嗎？

如◉　主要是經營銷售這塊。像是今年因為乾旱死了很多茶樹，我們跟長輩提議要將這點反映在成本上，但他們會覺得不要漲價，這樣會讓客人不敢買，一方面也是希望能讓更多人喝到山上的鐵觀音，它跟手搖真的有差。

琳◉　餐廳也是，從營業時間、型態，到餐點的擺盤，都需要跟上一代溝通。老一輩客人跟新顧客想要的消費體驗不一定相同，所以在人情味、工作程序跟營業賺錢之間，要找到平衡真的很難。

沛◉　一開始我父母覺得，我都讀到研究所，也在外面找到工作了，做茶那麼辛苦，不希望我回來，但我們這個世代會覺得，在外面工作也很辛苦，既然都辛苦，為什麼不返鄉回家，把時間投資在自己和家人身上呢？

柔◉　最近有個青農就因為作息跟家裡跟家裡起衝突，他爸覺得你就是要有一個農夫的樣子，要他早點睡，可是現在我們就算是很累，還是會想要滑一下手機，有一點時間社交。

─────── 記得以前因為做生意，山上大家都晚睡，現在還是嗎？

柔◉　要看什麼程度，像是安如是快到 4、5 點。

譯◉　我是 3、4 點。天亮得太快了。

柔◉　我跟雯琳、恩沛是都已經結婚，也有小孩，要配合小孩的作息。但其實山上的工作，與一般人的生活作息差太多，很難找到另一半或組家庭。現代家庭也很難夫妻二人一起投入，所以大部分都是兄弟姊妹一起做。

琳◉　對，我們家現在就是四個兄弟姊妹一起在家裡餐廳幫忙，分別在廚房跟外場，有時我會也把小孩帶到餐廳工作，所以另一半跟家庭的支持也很重要。

如◉　我們家也是我跟姊姊在做，我們從小就幫忙端盤子，而且還是溜直排輪端菜喔，如果那時有社群媒體，我們就是網紅了！

譯◉　我爸反而是都放給我，然後巴不得退休。山上大多都有種茶，像我們是只有做跟賣茶，一開始賣茶我還要留鬍子裝老，才能說服老一輩客人。但我也有優勢，就是原本不敢到茶行買茶的年輕人，會變成我的顧客。

如◉　現在年輕客人慢慢增加，以前大家都有固定的熟客，生產的新茶也都是先推給他們，但不少客人現在都到了不能喝茶的年紀，所以要去發展年輕客群，只是年輕人不愛泡茶。

譯◉　在手搖店十年前推鐵觀音之前，一般人很少知道鐵觀音。反倒是手搖讓更多人知道鐵觀音茶，我覺得是正面的。

──────── 聯誼會的成立契機與功能？

柔◉　上一輩雖然也會互相討論，但僅限幾個熟人；我們這輩小時候都經歷過九〇年代的榮景，所以願意回來，聚在一起後就打開很多可能性，雖然各家做的事情不同，但看貓空的角度跟想法都很相近，能互相支援，也會一起出貨到海外，節省運費。

譯◉　我們七八年級這一輩，大家沒有利益關係，一起參訪，一起聊茶葉，像欣柔他們家茶行隨時都有人，茶具沒有停止泡茶，大家就會互相拿自家比賽茶串門子討論，彼此分享。

──────── 不會擔心同行競爭嗎？

如◉　貓空山上的店都是小規模，特色不一樣，反而能一起合作。彼此介紹客人到其他店，不用硬賣自己沒有的東西。

柔◉　這邊就像一個村子，貓空發展三十幾年了，每間店都有自己的固定客人，如果有人做生意還要騙，代表它生意爛到要騙人，會被笑死。

（眾人此起彼落笑說，這種事情完全不可能在貓空發生，圈子太小，壞名聲藏不住。）

譯◉　茶跟人一樣，不可能每個人都喜歡，但好茶不寂寞，只是會不會遇到喜歡的人而已，所以希望客人跟我們當朋友，才能知道這裡的好玩跟美的地方。

（聊到這時，恩沛拿出今天剛烘焙完成的鐵觀音，新泡一壺茶，最近才開始接觸茶的雯琳則以不熟練的手法聞茶葉，被眾人調侃。）

琳◉　我真的不懂茶葉，雖然阿公是茶農，但是從小爸爸就在貓空開餐廳了，我是從現在才開始跟大家學習製茶的技術，雖然重新當學生比較累，也會害怕，但我想應該也跟 20 年前學習咖啡的歷程差不多吧！

（眾人邊喝恩沛剛才新泡的茶，聊起恩沛家的茶總有一股獨特的味道）

如◉　真的很奇怪，一喝就知道是恩沛家的茶。

柔◉　可能跟土壤、水、製茶手法都有關，真的是土地的味道。

譯◉　其實只要是經由貓空人的手，種的茶、泡的茶，獨特的味道一喝就喝得出來！

──────　大家眼中最美的貓空是什麼時刻？

琳◉　清明節做春茶期間，每家都在忙著採茶和製茶，那時貓空最美，整座山都是茶的香味，跟客人泡茶時聞到的香味截然不同。

沛◉　我很喜歡清晨，山上空氣很新鮮，整個台北城很安靜。這幾年跟長輩聊天講茶，都感覺到他們願意無私地分享，很大原因是有上一輩累積的感情跟信任，所以雖然我不知道小孩之後要不要接班，但現在就更覺得自己不能漏氣。

眾人◉　你要不要這麼誇張，你小孩現在才一歲！

柔◉　我也最喜歡春天，每當下雨、起霧，山嵐瀰漫在整座山之間，而且下雨時店家沒什麼客人，大家會互相串門子，整座山靜靜的，很美。

譯◉　但我也懷念熱鬧，尤其老闆會花時間跟客人聊天，客人也能體諒老闆很忙的那種人情味，人跟人之間的關係很近。隨著疫情逐漸和緩，這樣的日子應該很快就又回來了吧。

MAOKONG

AFFAIRS

culture & souvenir

落腳貓空逾三十年，優人神鼓在山上劇場開啟與自然的永續對話，近年更以表演探源之尋溯展開與隔鄰山頭指南宮的串連；在貓空，宗教與生活緊密相連。早年泉州移民帶來信仰，也將福音傳入山中，在終年常綠的山林及靄靄雲霧，化為支持貓空人的生活和無盡想像。

◉生活與文化

優人們在老泉山的山上劇場進行例行的演出排練。

與環境共生，雲腳貓空

優人神鼓創辦人劉若瑀

text 黃馨儀　photo 林家賢

優人神鼓的山上劇場，座落在貓空的老泉山上。從老泉街往上，看到往銀河越嶺的岔口指示時，「雲腳之路」就開始了。優人們會從岔口處噤語緘默，徒步上山。山上排練場的大門，就在往二格山的步道旁，稍不留心，就會錯過。

1988 年，剛從紐約和波蘭劇場大師葛羅托夫斯基（Grotowski）學習歸國的劉若瑀，為了想再延續葛氏「貧窮劇場」的方法，想到了家族在老泉山上的地，便從自己搭帳篷、整理場地開始，種下從優劇場到優人神鼓 34 年的發展。

●共築一塊劇場的山林

「我在加州的森林裡排練了一整年，深刻體認大自然對人的影響。」劉若瑀回想，葛氏訓練都在森林中，每隔一段時間，人就會不太一樣。「那不一樣是什麼？好像不是訓練得來的，而是人來到山林之後，就有了生命的痕跡，這是生活跟一個人的關係。」因為生命經驗的累積，自然的樣態開始在表演者身形上、神態上留下痕跡。

因此，優人神鼓的山上劇場也維持著林地原始樣態，優人們不刻意修剪、砍伐樹木，施作上也都以木頭為基礎，避免鋪灌水泥。三十多年來，他們得以時刻感受山林，無論是清新悅耳的蟬鳴鳥叫，或是偷吃早餐的松鼠和螞蟻。劉若瑀

仰頭望向身旁的樟樹：「這些是生命裡我們通通都接受的事，接受像現在風來了，成為我們生活的一部分。」優人們在此不僅進行劇場訓練，也學習臣服與接受。

老泉山的自然環境浸潤著優人神鼓，優人們也不希望成為大自然的包袱。這些年，原生的特有蕨類、千年芋，都長得與人同高；優人們親手栽下的樟樹、楓樹、白楊樹逐年生長，形成涼爽庇蔭；整座山頭也給予豐沛贈禮，隔山的林地飄來相思樹種子，後山的香楠母樹也捎來種子。山上劇場讓人與植物都安心成長，是他們真真正正的家。

基於和自然共生的想法，2015 年劉若瑀主動提議，撤除會變更老泉山保護區身份的「文化景觀保存維護計畫」，期望保護山上劇場的自然環境，永續實踐優人神鼓文化藝術理念，並維持台灣保護區的完整性。

●走進三貓，合一道藝

過往，劉若瑀會帶優人們順著林間小徑赤腳跑山，穿越竹林、茶園、寺院，沿著高低起伏的後山，透過雙腳覺知身體與土地的關係。大貓空地區的文史也給予優人們極大滋養，相互激盪。劉若瑀分享，自己高中時便隨家人搬到景美，後來更長居政大一帶，貓空可謂充滿她生命歷程的回憶，到貓空喝茶、到指南宮參拜，都是她希望能夠延續傳承的生活風景。

2021 年，他們加入市府推動的「三貓計畫」，與指南宮合作「優人雲腳指南宮之旅」，由山上劇場雲腳到後山，再至政大附中旁千階步道處，手捧心燈，一步步踏著千餘階步道，直上指南宮。

優人神鼓以道藝合一聞名，其中「雲腳」是劉若瑀發想的詞彙，讓腳步如雲的飄蕩，不含目的地的走路，無前無後，回到當下，構築表演者內心的力量。優人神鼓藝術總監黃誌群曾說：「雲腳像是內在的洗澡。」回到當下、洗淨內在，便會發現我們所需要的東西其實很少。

2022 年，他們預計再次雲腳上山演出，參與指南宮一年一度的山川祭。指南宮

是大貓空地區重要的信仰中心，有第一靈山美稱，千階的竹柏參道是過往參拜的唯一路徑。如今優人神鼓與指南宮合作，與雲腳有著相稱的含義。

●成為貓空的諸神之鄉

回溯 2019 年 8 月，山上劇場遭逢火災，優人神鼓的排練場與歷年戲服道具付之一炬；隔年新冠疫情爆發，全世界皆陷入停頓，重大打擊需要觀眾的表演藝術團隊。接連災厄讓優人神鼓停下腳步，共同重建山上劇場，並思考沒有觀眾了，表演是不是就一無是處？繼續創作的意義又是什麼？連續的變動也一再讓劉若瑀感受到，自然界以想像不到的方式跟他們說話。

而後，她想到表演的老祖宗即是巫，巫存在於儀式，儀式是大家面對困境會做的一件事，像是去廟裡祈願：「儀式就是人們跟天地溝通時所需的祭典」。

2022 年 4 月的作品《諸神之鄉》，即以此發想，回到表演的源頭：巫，思索巫的內在條件與力量。故事關於一個可以產生巫的村莊，讓觀眾直接參與沉浸式劇場。「團員這麼久以來，在山上和自然相處，是不是內在會產生一種力量？是不是會有比較容易和天地溝通的能力呢？他們是否有可能，成為一個真正的巫？」

在作品之外，劉若瑀希望山上劇場繼續作為優人們的訓練場所，形同一個產生巫的村莊，人們每年在此體驗自身的改變，以及人和祭典的關係，「就像我們會去指南宮，一年一度也好、有節慶才去也好，都會和這座山產生關聯，而這關聯是他們需要的關聯。」

「我期許這裡成為大家心目中的諸神之鄉，然後這裡的人，便是諸神之鄉裡為大家溝通服務的角色。那人生走這一趟、優人神鼓成立這一趟，也有它的價值了。」如今，老泉山或許真的成為一個場域，涵納優人們藉由藝術、融合自然、與天地溝通累積的養分，形塑大貓空地區所需的人文力量。

台北市東南緣，舊稱「拳山堡」的文山區，最初為泰雅族與平埔族秀朗社的漁獵與生活領域，多座山頭座落其間。清康熙末年，漢人陸續抵達，尤其福建泉州安溪的各姓家族，隨著景美溪抵達溪畔的小型沖積平原上，也就是在今日的保儀路、開元街、忠順街一帶，開啟新生活，形成最早的木柵街與聚落群，而後隨著茶業與商業發展，宗教信仰中心也陸續出現。

◎道教／基督教

text 徐立真　　photo 日常散步 李盈靜／連思博

忠順廟

雙忠武將落腳 巡守護茶園

1762年（清乾隆27年），一對福建安溪虎丘陳姓堂兄弟，從當地美庄村的忠順廟，奉請保儀大夫張巡來到台灣，並在內湖樟腳（今木柵樟腳里）定居，隨著香火逐漸鼎盛，成為木柵與貓空的重要傳統信仰中心，又被稱作「保儀大夫廟」與「尪公廟」，影響力遍及北台灣，尤其是近山丘陵的農業區。

唐代名將張巡、許遠的「雙忠信仰」，雖因安史之亂「死守睢陽城」的事蹟而出現，但渡海後，成為台北盆地的農業守護神。保儀大夫屢次展現驅除農作蟲害的事蹟，有信徒提保儀大夫的燈巡田，隔日「竟發現蝗蟲已自斃殆盡」，於是北台灣遭受蟲害的農民，無不來此恭請神像巡視自家田園。因此每年忠順廟的農曆三月「迎尪公巡田園」與四月十日「遶境賜福」，至今仍是木柵與貓空地區的重要慶典。

今日，隨著四周建起高樓住宅，忠順廟低調隱身蜿蜒巷弄，但仍保留台北市最完整的大戲台，廟中繪製「尪公巡田園」的壁畫典故，全力參與、支持在地社區社團與學生活動，更多年輕人投入志工團參與事務，廟方遶境不放鞭炮、清潔志工隨路清掃，並在途經校園與醫院時靜聲通過，種種變革都顯示著，除了延續守護農家、信徒的260年傳統，忠順廟也與時代共同脈動。

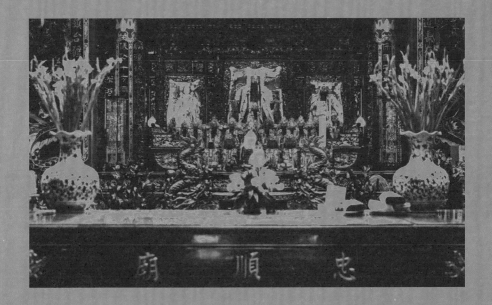

TAOISM

指南宮

仙公翩然救濟 孕育指南名勝

1882 年（清光緒 8 年），景尾街（今景美）一帶流行疫病，地方士紳從艋舺玉清齋迎請呂仙祖，並雕刻一尊「孚佑帝君呂洞賓」神像到景美肫風社，平息了傳染病。一位劉姓地主歷劫痊癒後，捐出猴山石碣頭點地（今猴山岳）的土地，並在 1890 年由玉清齋、肫風社共同建宮，定名「指南宮」，又稱「木柵仙公廟」，是具代表性的鸞堂宮廟。

指南宮最初僅為簡單鸞堂，然隨著呂仙祖的靈驗神蹟，信徒漸增。加上北台灣山區的茶葉、煤礦業發達，也獲得許多地方士紳的支持，多次增建，日治時期已是聲名遠播的宗教名勝。《台灣日日新報》描述了 1925 年農曆一月的進香人潮：「而參拜之者，絡繹不絕，前者去一日約一萬人……。」許多日治時期的寫真、繪葉書，都記錄了指南宮的樣貌與景致，甚至還有日文歌詞記錄了時下情侶到指南宮甜蜜約會，祈求永浴愛河的情景。

隨著貓空多元的休閒活動發展，指南宮也舉辦了結合推廣茶葉知識、台灣文化分享、指南宮地景走讀、手作體驗、千人爬千階指南宮步道……，等豐富活動。這座從艋舺來此濟世的仙公廟，擁著俯瞰台北盆地的美景，是眾人認識指南茶山的百年名剎。

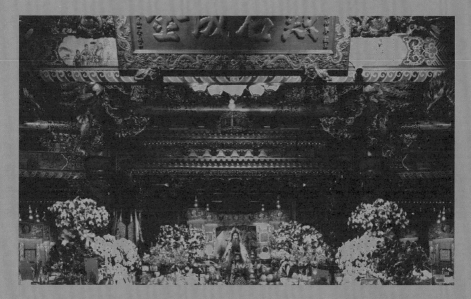

photo 指南宮

TAOISM

文山長老教會

以挑茶擔精神 開元貓空山腳

文山長老教會，是文山區歷史最悠久的教會，發起者為貓空茶農張迺鴻。回到1890年代，彼時張迺鴻徒步經過新店屈尺，看到正在傳福音的馬偕牧師，其中一句：「恁見若著磨擔重擔的著就近我，我欲互恁安息」，讓總是肩挑茶擔的他，深受觸動，並隨後與家人們受洗成為信徒。

為了便於貓空的九戶信徒做禮拜，1891年張迺鴻等人先在今日木新路二至三段的「內湖莊渡船頭」，興建「內湖教會」；同時在商賈熱鬧的頂店（今開元街）購買土地，於1898年建造禮拜堂，在木柵老街屹立至今，隨時代先後更名為「木柵教會」與「文山教會」。

教會所在的土地，一度被編列為公家機關預定地，所幸最終能以「文化資產保存區」保留。今日，文山長老教會緊鄰著文山行政中心、木柵市場，以及高聳新建的住宅大廈，舊的禮拜堂也於2020年登錄台北市歷史建築。教會有著源源不絕的新一輩信徒，無論禱告會、團契或禮拜，都有不同年齡層與背景的信徒參與，活力的青少年，講台語的長者，講華語的新住民、教職員與政大學生。這裡同時也是「社區照顧關懷據點」，提供不分信仰的社區長者共餐交流。

CHRISTIANITY

推廣貓空茶文化的
山中教室

茶山塾

text 徐立真　　photo 林家賢

以「向山學習」為核心價值命名的「茶山塾」，在 2021 年應運而生，期盼透過各種體驗活動，最終達到「把人帶往貓空，讓茶走入生活，讓鐵觀音繼續留在木柵」的目標。

2007 年貓空纜車正式開通營運，貓空的休閒旅遊生態出現了更多模式與樣貌，當地的各路團隊及人才，紛紛找到適合自己的宣傳途徑，吸引不同客群來到貓空。經過多年，大家也開始思考，如何發揮各自優勢，有效運用資源，讓更多人造訪貓空。

●坐而言，起而行，茶山塾的誕生

2021 年成立的「茶山塾」，主要參與者為臺北市政府產業發展局、木柵區農會、木柵青農聯誼會等單位組成，分別負責不同的業務工作；同時，也有貓空的在地農民、店家業者多方投入參與。茶山塾的策略是，以活動為媒介，讓更多人透過活動參與，走進貓空的「臺北市鐵觀音包種茶研發推廣中心」，看展覽、體驗手作、品茗茶葉，從多元的角度、層次，認識貓空這片土地。木柵區農會推廣部助理技術員周莉蓉描述：「結合『無圍牆博物館』的概念，『茶山塾』顧名思義，整座茶山就是一座學校，希望邀請大家在喝茶之餘，也能向山學習。」

向茶山學習，「坐而言，起而行」成為茶山塾成立後，第一個系列活動主題。周莉蓉分享，茶山塾因為有長一輩的老農作為後盾，提供茶葉專業經驗與知識，青農們得以更專注於活動推廣、行銷等工作，並結合自家產業的專長，開拓貓空的不同隱藏面貌，進而吸引更多年輕的遊客，來此認識擁有百年歷史的貓空茶文化，成為生活的一部份。

負責茶山塾品牌規劃設計的外部策展人楊賀捷表示，茶山塾並非憑空出現，而是擁有多年的醞釀基礎。大約自 2016 年起，回到貓空的二代青農們，已開始討論如何以新的方式推廣貓空，因此他們從申請小規模的輔導計畫為起點，以及「回家辦活動」的心意與行動，一件件小事累積起來的成果，孕育了「茶山塾」的誕生。

打造一個呼應茶山四季作息，並具有延續性的品牌，勢必需要把鐵觀音的百年傳承放在心裡，楊賀捷說道：「貓空青農目前有 38 位，有一半以上的人是真的參與製茶的工作。」這讓茶山塾的活動，同時以種茶、製茶產業文化脈絡為底蘊，且與貓空的產業、作息相互呼應，而非脫離土地，曇花一現。

● 以雙手形塑傳承，用體驗創造可能

「青農是整合的力量，也是各方共識的黏著劑。」兩人提出了共同的觀察，因為青農各有專長，而家中的產業也不盡相同，也因此會穿梭在不同團隊之間，納入老農、商圈的意見，成為多方媒合的角色，產發局作為整合輔導方，木柵區農會發想並執行活動。在此基礎之下，茶山塾得以進行各種嘗試與創新。

以 2022 年夏季舉辦的幾場手作工藝活動為例，無論是「茶香手工皂」、「茶‧陶作」、「茶山‧茶染」或「茶‧金工」，對貓空店家與青農而言，茶文化與不同元素的結合嘗試，可能激發出未來發展的不同可能，例如青農能善用自身烹飪、烘焙、手工藝等專長，店家或茶園也能善用其優勢，開發出屬於自己的獨家特色，成為長久延續的體驗活動。

對外界而言，這幾場工藝活動，吸引了對手作有興趣的民眾，許多住在木柵的親子檔，已參加了兩場以上，成為未來持續關注茶山塾的客群。活動同時成功

讓民眾認識茶推廣中心這個場域，並在課程體驗之餘，進一步探索貓空的步道小徑，以及到店家消費。

無論種茶、製茶，或是工藝活動，背後都是持續不懈的動手做精神，需要耐心、細心、經驗與毅力，金工課程的廖偉淇老師說道：「不管製茶或工藝，都要透過雙手慢慢形塑。貓空茶文化的復振有各種面向，我能以工藝者的身份，教民眾製作茶具，貢獻專業所學，也是一種參與方式。」

● 從茶山塾出發，分享貓空的多面魅力

楊賀捷分析，「或許大家並非不願意走近，而是還不知道這裡有故事。」鐵觀音在貓空是百年的傳承，如何將貓空的故事繼續說下去，並讓大家知道「台北市還有人在製茶，還有茶可以喝」，或許就是讓人走入茶山，讓茶走入生活，我們才得以想像茶產業的未來。

如果茶山塾與青農，能建立起屬於貓空的特色體驗與秘境地圖，也認識到老茶農與茶師，或許文化傳統就能產生新的當代厚度。值得欣慰的是，2022 年夏天，茶山塾完成了貓空「甜點地圖」，青農們自行研發的茶味甜點，串連成屬於貓空新味蕾。眾人們的初衷與期待，似乎已逐漸發芽。

周莉蓉認為，貓空「是產地，也是消費地」，雖然腹地與人力有限，但便捷的交通優勢，能串連的生態、人文、產業風景，也更加多元。如何結合纜車資源，讓民眾知道，並且願意走到更美的的茶攤、祕徑，茶山塾應該扮演這個對話平台。也因此，對她而言，投入參與茶山塾的夥伴，與其說是共事，其實是大家共同做一件喜歡的事情，在茶山塾一起尋找、打造期待中的貓空。

① 玩偶

② 海報

③ 手工餅乾

④

比賽茶

⑤

茶葉牛軋糖

⑥

壽麵

SELECTED

上山沿途發現在地好物

貓空推薦伴手禮

---

① 玩偶

動物園紀念品店的周邊琳瑯滿目，當中最具人氣的莫過於動物絨毛娃娃。從單手大小的迷你版本，到逼近等身大小的尺寸皆有販售。黑熊玩偶巧妙地捕捉了黑熊的性格，表情療癒十足，與無尾熊、大貓熊並列店裡的暢銷排名。

◎石尚自然探索屋 動物園店
台北市文山區新光路二段30號
02-29364035

---

② 海報

生活在他方夜貓店除了設有外國繪本書區，供民眾翻閱，亦有一區展售台灣創作者小誌及文具周邊。如紙膠帶、貼紙、賀卡、海報及鑰匙圈，插畫家三貓俱樂部設計的海報，整面滿滿貓咪，宛如再次重現正在戶外曬太陽的貓咪們。

◎生活在他方 夜貓店
台北市文山區指南路三段40巷8-5號

---

③ 手工餅乾

原本只賣茶葉的清泉茶園這幾年開始做起糕點禮盒，手工茶葉餅乾是最近才剛開發的產品。以茶葉為基底加入抹茶粉調整顏色，薄脆的口感讓人一口接一口。儘管是常態商品，若茶季人力不足就會暫時缺貨，看到切記勿猶豫。

◎清泉茶園
台北市文山區指南路三段38巷33-1號
02-29362517

SOUVENIRS

text 羅健宏　　photo 日常散步 李盈靜

④ 比賽茶

木柵區農會冬春兩季固定舉辦優良鐵觀音比賽，並販售獲獎茶葉。就像葡萄酒，不同年份的茶葉擁有截然不同風味。農會依照得獎的級別，比賽茶從頭等到優良共五個等級，頭等和特等的量尤其少，一釋出就被買光，堪稱是夢幻逸品。

◎木柵區農會農特產品展售中心
台北市文山區木柵路三段77號2樓
02-29398021

⑤ 茶葉牛軋糖

正欉鐵觀音製作的牛軋糖。標榜不黏牙、不膩口且不苦澀，入口感受得到淡淡鐵觀音交融濃郁奶香，也是張協興茶行最早開發的茶糖，350克大份量及實惠定價，在網路上頗具人氣。外包裝的復古字體，讓牛軋糖古早味十足。

◎張協興茶行
台北市文山區指南路二段93號
02-29394866

⑥ 壽麵

到指南宮參拜除了準備鮮花素果餅乾，壽麵也是信徒常見的選擇之一。這款由在地老字號食品廠生產的三星壽麵，可於指南宮購得，一盒六入裝在印有指南宮的紙盒中，滾水燙過即可食用，麵體滑潤軟綿，深受許多長輩的喜愛。

◎指南宮
台北市文山區萬壽路115號
02-29399920

VERSE Books Local oo1

貓空人 Maokongian

出版 —— 臺北市政府產業發展局
策劃 —— VERSE
社長／總編輯 —— 張鐵志
副社長 —— 蔡瑞珊
創意長 —— 林世鵬

主編 —— 羅健宏
副主編 —— 薛景文
採訪撰稿 —— 徐立真／黃銘彰／黃馨儀／鄭雅文
攝影 —— 連思博／林家賢／日常散步 李盈靜
插畫 —— 奧斯卡 Oscar Tsai／李宥儒 Iris Li
設計 —— 謝佳芳
專案統籌 —— 顏志豪

GPN —— 1011101680
ISBN —— 978-626-7144-81-7
出版日期 —— 2022 年 11 月（初版）
定價 —— 380 元

發行 —— 一頁文化制作股份有限公司
地址 —— 台北市大安區建國南路一段 177 號 2 樓
網站 —— www.verse.com.tw
電話 —— 02-2550-0065
信箱 —— hi@verse.com.tw
印刷 —— 漾格科技股份有限公司

總經銷 —— 時報文化出版股份有限公司
地址 —— 桃園市龜山區萬壽路 2 段 351 號
電話 —— 02-2306-6842

國家圖書館出版品預行編目 (CIP) 資料

貓空人 —— Maokongian ／徐立真，黃銘彰，黃馨儀，
鄭雅文採訪撰稿 . —— 初版 . —— 臺北市：臺北市政府
產業發展局出版：一頁文化制作股份有限公司發行，
2022.11
　　面；　公分 . —（Verse books local ; 1）

ISBN 978-626-7144-81-7（平裝）
1.CST: 人文地理 2.CST: 旅遊 3.CST: 臺北市

733.9／101.6　　111017707

9 786267 144817

GPN 1011101680   ISBN 978-626-7144-81-7
WKA0301 定價──380元